宜昌博物馆馆藏瓷器
保护修复报告

宜 昌 博 物 馆
北京鉴衡文物修复中心 编著

文物出版社

图书在版编目（CIP）数据

宜昌博物馆馆藏瓷器保护修复报告/宜昌博物馆，北京鉴衡文物修复中心编著；向光华主编. — 北京：文物出版社，2021.5

ISBN 978-7-5010-6575-2

Ⅰ.①宜… Ⅱ.①宜… ②北… ③向… Ⅲ.①瓷器（考古）—文物保护—研究报告—宜昌②瓷器（考古）—器物修复—研究报告—宜昌 Ⅳ.① G264.3

中国版本图书馆 CIP 数据核字 (2021) 第 065658 号

宜昌博物馆馆藏瓷器保护修复报告

编　　著：宜昌博物馆　北京鉴衡文物修复中心

主　　编：向光华

责任编辑：吕　游　李　睿

封面设计：王文娴

责任印制：王　芳

出版发行：文物出版社

地　　址：北京市东直门内北小街 2 号楼

网　　址：http：//www.wenwu.com

经　　销：新华书店

印　　刷：宝蕾元仁浩（天津）印刷有限公司

开　　本：889mm×1194mm　1/16

印　　张：13

版　　次：2021 年 5 月第 1 版

印　　次：2021 年 5 月第 1 次印刷

书　　号：ISBN 978-7-5010-6575-2

定　　价：320.00 元

《宜昌博物馆馆藏瓷器保护修复报告》
编辑委员会

目录
CONTENTS

前 言

宜昌博物馆是综合类博物馆，位于巴、楚文化融合发展之地，是宜昌地域文化的研究中心和馆藏文物的收藏保护中心。

宜昌博物馆现有各类藏品 58711 件 / 套（文物类藏品 35494 件 / 套），其中，一级文物 84 件 / 套（实际数量 142 件）、二级文物 112 件 / 套（实际数量 154 件）、三级文物 1427 件 / 套（实际数量 2259 件）。藏品规模与质量在湖北省内地市级博物馆中位居前列。藏品以陶瓷器、金属器、竹木漆器、纸质类文物为主，兼有玉石器、民俗等类文物和动物标本、矿物标本、艺术品等其他类藏品。

在 20 世纪七八十年代，为配合当阳河溶镇水利工程、葛洲坝水利枢纽工程等项目建设，宜昌地区文物考古工作队对当阳赵家湖、宜昌前坪及后坪墓群等进行了抢救性考古发掘；九十年代初，宜昌地区博物馆又对三峡工程坝区的中堡岛、杨家湾、白庙子及下岸等遗址进行了抢救性考古发掘；1998 年以后，为配合三峡工程建设，宜昌博物馆又进行了卜庄河、乔家坝、甲沟等数十处墓群和遗址的抢救性发掘……伴随着考古发掘出土器物的大量增加，文物保护修复工作同步得到发展。早期的保护修复以陶瓷器的考古修复为主，主要目的是配合考古发掘报告和简报的编写出版。

随着国家对文物保护工作的日益重视和藏品数量的日渐增多，宜昌博物馆对馆藏文物的保护力度也空前加强。为配合宜昌博物馆新馆展陈，从 2012 年至今，宜昌博物馆先后申报并获批了 8 个文物保护项目，获批国家专项资金近 1500 万元，与国家博物馆文物科技保护研究院、北京鉴衡文物修复中心、北京大学考古文博学院、荆州文物保护中心、北京停云馆文化投资有限公司等单位合作对 1600 余件 / 套瓷器、金属文物、书画以及竹木漆器进行了保护修复。

依托这些文保项目，宜昌博物馆成立了文物保护中心，并配置了大量文保设施设备，培养了一批文保专业技术人员，在此基础上对近千件馆藏陶瓷器、民俗藏品、古生物化石、矿物标本进行了保护修复。上述文保工作使大批藏在深闺的受损珍贵文物重新焕发光彩，充实了展览陈列的内容，提高了宜昌博物馆文物保护水平，为宜昌地区文物保护工作的发展打下了坚实的基础。

中国被称为"瓷器之国"，从古至今，无论是生产还是生活，是实用还是装饰，到处都有瓷器的影子。时至今日，瓷器还是中国艺术品市场上最受欢迎的品种之一。中华民族发展史中的一个重要组成部分是陶瓷发展史，中国人在科学技术上的成果以及对美的追求与塑造，在许多方面都是通过陶瓷制作来体现，并形成各时代典型的技术与艺术特征。在宜昌市秭归县卜庄河、枝江市七星台及宜昌城区等地均发现了不同时代的陶窑遗址；五峰渔洋关清水湾延续近三百年的龙窑厂，1972 年仍在扩建生产。可见，作为生活必须品，陶瓷器在宜昌地区的烧造和使用是源远流长的。因不易腐烂的自然特性，陶瓷类藏品在宜昌博物馆数万件馆藏中占有很大比例，虽不是件件精美绝伦，但也不乏别致典雅、独具代表性的器物。宜昌博物馆馆藏瓷器年代跨度较大，上溯魏晋南北朝，下至中华民国，以重庆涂山窑、湖南长沙窑、龙泉窑及景德镇窑产品为主，地方民窑产品为辅，器型多为罐、瓶、钵、壶、盂、杯、盏等。早期以青瓷、影青瓷、白瓷等为主，晚期则是以各类彩色瓷和青花瓷占据主要地位。

瓷器精美，但其不耐磕碰、极易受损的品质使得不管是考古发掘出土瓷器，还是传世收藏品，都或多或少带有残损。这也就决定了文物保护修复中，瓷器所占份额较大。对于瓷器的保护便是博物馆文物保护工作的重中之重。与其他质地器物不同，瓷器制作工艺的特殊性决定了瓷器修复的特殊性。瓷器是高温下发生物理化学反应后的成品，原料和成品是完全不同的两种物质，制作过程是不可逆的。相对于青铜器、玉石器、书画等，陶瓷器无法采用原材料进行修复，必须寻找替代品。另外一点非常重要的是，瓷器的烧制过程是不可控的，具有较大的偶然性。瓷土存放的时间、烧制的温度、时间、位置等因素，都会影响到瓷器成品的造型、釉色、纹饰等。无论哪种修复手法，都不能做到完全与器物原貌一致，只能是无限接近。

与其他类别文物修复一样，瓷器修复的类型可分为三种：一是考古修复，又称研究修复，主要在于拼缝、补缺部分保留修复的痕迹，使观众能轻易分辨出哪些是原器物，哪些是修复部分。这种修复方法完全忠实于原物；二是美术修复，或称商业修复，指对于器物的修复部分进行补色，以达到淡化修复痕迹，甚至达到"天衣无缝"的效果。在学术界，对于美术修复的合法性颇有争议；三是陈列修复，这种修复的效果介于考古修复和美术修复之间，可理解为在一定距离外看不出修复痕迹，而在近处可以分辨，即在朝向观众的一面看不出修复痕迹，而在背面或内部保留修复痕迹。这种修复原则为国内外许多文博单位所采用。瓷器保护修复需要遵循其基本原则：修旧如旧、不破坏文物原有信息；绝不能凭主观想象去臆造或创造；最小干预原则，不为了修复而加大破损程度；可逆性原则，修复材料和修复手法可逆，不影响以后的再次保护。随着科学技术的日益发展，我们可能会研究出更好的材料与更好的解决办法，对文物有更少的损害，这是我们瓷器保护修复的基本出发点，也是文物保护的最大目标，目的是延长文物作为历史见证的年限。在保护修复过程中，最重要的是不能歪曲和毁坏其携带的历史信息，缺失部位的修补和复原，必须与器物整体保持和谐，同时又必须区别于器物本体。

对于瓷器修复来说，一劳永逸是不可能的。再高级的修复材料，再科学的修复手段，都不能确保修复过后能永远不出问题，经过时间的流逝，或多或少都会再次老化、损害。对一件瓷器来说，要将其携带的历史信息永远传承下去，保护修复过程肯定是要反复多次的。修复过程的延续，为的是恢复瓷器原有的时代特征和艺术气息，也是文博人员的职责所在。瓷器修复，是文物保护抢救的重要内容之一，是博物馆不可缺少的业务工作。

宜昌博物馆馆藏瓷器来源主要为原宜昌市文物处移交和考古发掘出土，入藏前后大部分经过了简单的拼接修复。为了让这些瓷器携带的历史信息更为完整的表现出来，为历史文化研究提供基础，2015年，宜昌博物馆针对亟需保护修复的部分瓷器，委托北京大学考古文博学院编制了《宜昌博物馆馆藏瓷器保护修复方案》，经湖北省文物局上报国家文物局评审

通过（文物博函 [2015]1934）后，委托北京鉴衡文物修复中心对 197 件 / 套
（实际数量 200 件）馆藏瓷器进行保护修复。至 2017 年 10 月，该保护修
复项目全部完成，并通过湖北省文物局组织的项目质量与财务验收。

　　本报告以宜昌博物馆馆藏瓷器保护修复项目为基础，以瓷器的不同劣
化情况为线索，对从清洁到补色的各个流程进行初步探讨，希望对瓷器保
护修复有一定的借鉴意义。不妥之处，敬请批评指正。

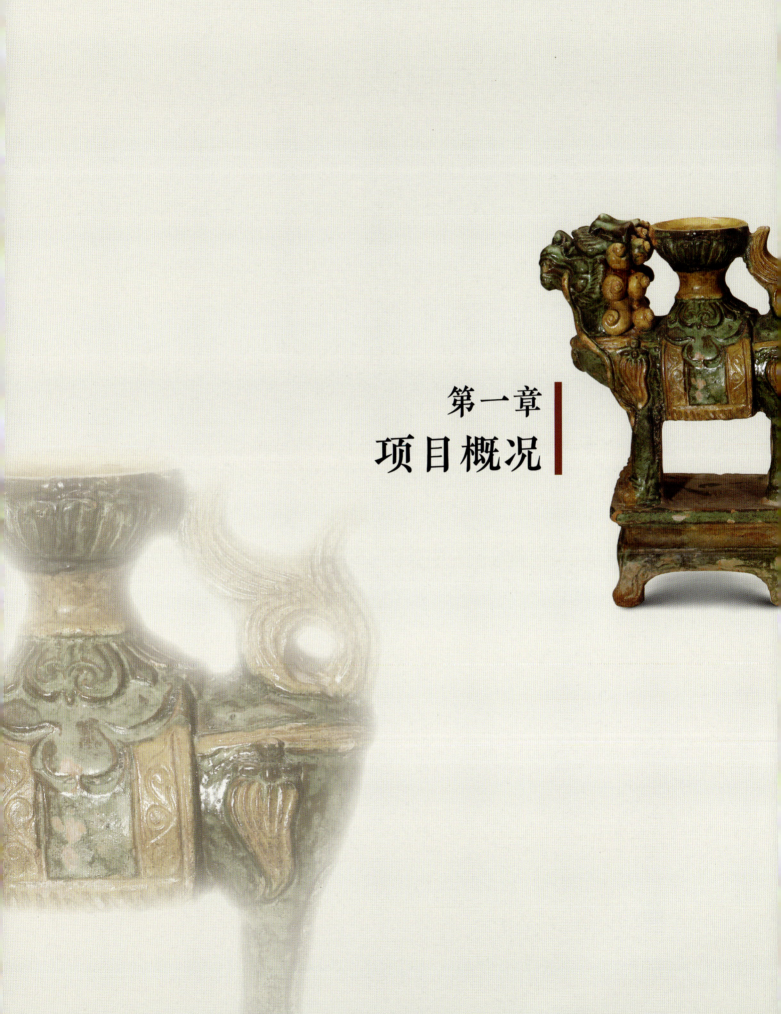

第一章

项目概况

国 家 文 物 局

文物博函〔2015〕1934号

关于宜昌博物馆馆藏瓷器和金属文物
保护修复方案的批复

湖北省文物局:
    你局《关于申报宜昌博物馆馆藏瓷器和金属文物保护修复
方案的请示》(鄂文物文〔2015〕7号)收悉。经研究,我局原
则同意所报2项方案,请你局组织相关单位做好保护修复工作。
如需申请国家重点文物保护专项补助资金,请按照相关要求编
制预算,按程序报批。
    此复。

国家文物局
2015年4月27日

公开形式:主动公开
抄送:本局办公室
国家文物局办公室秘书处   2015年4月29日印发
初校 牛畅   终校 曹明成

批复文件

经全国第一次可移动文物普查统计,宜昌博物馆馆藏瓷器共计1460件/套,其中,待修复瓷器500余件/套。为配合宜昌博物馆新馆展陈,需从馆藏待修复瓷器中挑出部分文物充实瓷器展厅。这些文物在库房存放时间较长,且未经保护修复或只是经过简单拼对粘接,达不到陈列展览要求。经向上级主管部门汇报,我馆拟定对挑选出的197件/套(实际数量200件)瓷器进行保护修复。

2015年1月,宜昌博物馆委托北京大学考古文博学院对该批瓷器编制了《宜昌市博物馆馆藏瓷器保护修复方案》,经湖北省文物局上报国家文物局审批。2015年4月国家文物局(文物博函[2015]1934)评审通过该方案,并下拨国家重点文物保护专项资金。2015年11月,宜昌博物馆委托北京鉴衡文物修复中心对该批瓷器进行保护修复工作;2016年3月,保护修复工作正式开始。2016年12月,该项目通过了湖北省文物局组织的项目中期评估。2017年10月,保护修复工作正式完成,并通过由湖北省文物局组织的项目质量与财务验收。

第一节　瓷器基本情况

一、来源信息

宜昌博物馆馆藏瓷器保护修复项目所修复瓷器以考古发掘出土为主，出土地点包括宜昌中堡岛遗址、秭归望江墓群、秭归庙坪遗址、秭归卜庄河遗址、秭归乌龟包墓群、宜昌城区六朝至宋代各墓葬点等，部分为原宜昌市文物处移交。现将出土情况简介如下：

1. 中堡岛遗址

中堡岛位于长江西陵峡境宜昌市夷陵区三斗坪镇西 1 公里。中堡岛遗址于 20 世纪 50 年代末在长江三峡考古调查中被发现。之后，中国科学院考古研究所、湖北省博物馆、原宜昌地区博物馆又先后作过多次调查。为配合长江葛洲坝水利工程、三峡大坝水利枢纽工程建设，由国家文物局组织调集全国各地的部分文物考古专家和考古工作者、有关高等院校师生，于 1979 年 10 月至 11 月、1985 年秋至 1986 年秋、1993 年 4 月至 12 月底先后三次对中堡岛遗址进行了大规模的考古发掘。遗址地层从第 2 层开始为古代文化层，地层时代从上至下依次是清、明、宋、唐、两汉、秦、战国、春秋、西周、商、石家河文化、屈家岭文化、大溪文化。在遗址地层中清理出各个不同时代的墓葬、灰坑、陶窑、窖藏、房址、灶台等各类遗迹。出土各类器物和标本上万件，其中出土唐宋至明清时期瓷器数百件，器形主要为碗、盏、杯等。

2. 秭归望江墓群

秭归望江墓群位于湖北省宜昌市秭归县望江村二组，地处长江及其支流咤溪河交汇地带，是一处以晚唐北宋为主，并早到六朝前期的墓群，由钟家岭墓地和窑湾墓地组成。为配合三峡工程建设，1998 年 10 月至 1999 年 7 月，宜昌博物馆先后两次对望江墓群进行了抢救性发掘。共发掘墓葬 84 座，其中六朝墓 3 座、唐墓 11 座、宋墓 44 座、明墓 26 座，出土包括陶瓷、铜、玉、银器等一批珍贵文物。

3. 秭归庙坪遗址

秭归庙坪遗址位于湖北省宜昌市秭归县境内，是在长江三峡库区发现的一处年代跨度长、文化特征鲜明的古代文化遗址。1995 年 11 月至 1997 年 8 月，为配合三峡工程建设，湖北省文物考古研究所对该遗址进行了四次发掘。共发掘探方 47 个、探沟 365 条。清理新石器时代至明代灰坑 31 个、墓葬 107 座、房址 2 处、灶 1 处、灰沟 1 条。出土陶器、石器、玉器、瓷器、铜器、铁器、玻璃器、金器、银器等各类文化遗物 1472 件。

4. 秭归卜庄河遗址

秭归卜庄河遗址位于湖北省宜昌市秭归县郭家坝镇卜庄河居委会一至五组的长江南岸边。为配合三峡工程建设，从 1991 年 6 月至 2006 年 6 月，宜昌博物馆前后跨 16 个年头，历经 11 年，在此进行了 15 次考古发掘。发现有新石器时代大溪文化、石家河文化、二里头文化时期、商代、周代、汉代、六朝、宋代、明代、清代等时期的文化堆积层，发现灰坑 54 个、灰沟 3 条、陶窑 4 座、灶坑 2 个、瓦场 1 处、取土坑 1 处、房址 6 间、墓葬 158 座，发掘总面积 36216 平方米，出土文物 4000 余件 / 套。

5. 秭归乌龟包墓群

秭归乌龟包墓群位于湖北省秭归县郭家坝镇邓家坡村三组。为配合三峡工程建设，2007 年 5 月初至 8 月上旬，宜昌博物馆三峡考古队受湖北省文物局三峡办的委托，对乌龟包墓群进行了抢救性发掘。发掘面积 4000 平方米，出土文物百余件，以陶瓷器为主，器形主要为罐、碗、钵、杯等。

6. 宜昌城区

20 世纪七八十年代在宜昌市樵湖岭一带，原宜昌市文物处为配合基本建设，对当时发现于市机床厂、二医院、农委等地的墓葬进行了抢救性清理，共清理两晋至明清时期墓葬 60 余座，出土器物近千件 / 套，出土文物主要为铜、铁、陶、瓷、玉器等，器形有罐、碗、钵、镜、钱币等。

二、瓷器修复清单

宜昌博物馆馆藏瓷器保护修复项目修复瓷器共计 197 件 / 套（实际数量 200 件），文物清单如下：

序号	器物名称	藏品总登记号	来源	尺寸（cm）	重量（g）	数量（件）	残损情况
1	明景德镇窑青白釉瓷碗	Y1876	93 中堡岛器物坑 -174	口径 12.2，底径 6.4，高 6.4	130.6	1	破碎、缺失、标注等，曾进行过粘接处理
2	明景德镇窑葡萄纹青白釉瓷碗	Y1862	93 中堡岛器物坑 -160	口径 12.8，底径 6.4，高 7.0	186.8	1	破碎、缺失、标注等，曾进行过粘接处理
3	明景德镇窑制款青花龙凤纹瓷碗	Y1869	93 中堡岛器物坑 -167	口径 15.3，底径 6.9，高 6.8	177.7	1	破碎、缺失、标注等，曾进行过粘接处理
4	明景德镇窑青花写意墨线圆圈纹瓷碗	Y1858	93 中堡岛器物坑 -156	口径 12.8，底径 6.3，高 6.2	158.2	1	破碎、缺失、脏污、变色、标注等，曾进行过粘接处理
5	北宋青釉开片瓷碗	Y1283	秭归望江墓群 M5：1	口径 11.8，底径 5.1，高 5.0	140	1	断裂、缺失、沉积、曾进行过粘接处理

序号	器物名称	藏品总登记号	来源	尺寸（cm）	重量（g）	数量（件）	残损情况
6	北宋乳黄釉斗形瓷碗	Y1285	秭归望江墓群M21:4	口径13.3，底径3.1，高5.2	104	1	断裂、缺损、错位、沉积，曾进行过粘接处理
7	北宋青釉缠枝暗纹斗形瓷碗	Y1281	秭归望江墓群M26:3	口径13.8，底径3.5，高5.5	120	1	断裂、冲线、缺失、脏污等，曾进行过粘接处理
8	明花草纹竹节高柄瓷锺	Y1895	原宜昌市文物处移交	口径13.1，底径4.7，高11.6	238.1	1	缺损、错位、土沁等，曾进行过粘接处理
9	明青花花草纹瓷碗	Y1896	原宜昌市文物处移交	口径14.2，底径6.3，高5.5	207.6	1	断裂、缺失、表面硬结物等，曾进行过粘接处理
10	北宋酱釉附加蝴蝶纹瓷罐	Y1288	秭归望江墓群M6:1	口径14.7，腹径19.0，底径17.0，高19.2	1260	1	缺损、错位、标注等，曾进行过粘接处理
11	清雍正橙红釉兰草纹瓷碟	Y1241	原宜昌市文物处1524-325	口径13，底径8.1，高2.2	130.1	1	断裂、缺失、脏污、擦痕、胶痕，曾进行过粘接处理
12	清青花童趣青釉瓷瓶	Y1635	原宜昌市文物处1247-48	口径17.2，腹径21.7，底径17.3，高40.3	3212	1	断裂、缺失、窑渣、伤釉等
13	中华民国景德镇窑高领祭红釉瓷瓶	Y1632	原宜昌市文物处1249-50	口径14.2，腹径21.0，底径16.0，高40.3	3471	1	缺损、标注，曾进行过粘接处理
14	中华民国景德镇窑余泰顺出品描金花卉纹瓷瓶	Y1631	原宜昌市文物处1283-84	口径12.1，腹径15.7，底径10.6，通高35.6	1718	1	断裂、缺失，曾进行过粘接处理
15	明成化款战争人物纹双耳瓶	Y1633	原宜昌市文物处1238-39	口径18.0，腹径21.1，底径15.0，高46.0	4701	1	缺失
16	晋盘口四系青釉瓷罐	Y1120	原宜昌市文物处1471-272	口径13，腹径27.4，底径14.5，高22.4	3157	1	缺失
17	清六棱堆塑龙纹绿釉瓷瓶	Y1067	原宜昌市文物处1333-134	口径4.5，最大腹宽7.4，底径3.9，高15.0	186.9	1	断裂、缺失；曾进行过粘接处理

序号	器物名称	藏品总登记号	来源	尺寸（cm）	重量（g）	数量（件）	残损情况
18	清双耳粉彩花鸟纹铁花瓷瓶	Y1061	原宜昌市文物处 1284-85	腹径 10.3，底径 8，高 25.8	801	1	缺失
19	清青花开光花草纹瓷虎子	Y1004	原宜昌市文物处 1378-179	底长 18.4，底宽 12.1，通高 14.1	1336	1	缺失
20	北宋瓜棱腹暗纹瓷执壶	Y1897	原宜昌市文物处移交	口径 8.3，腹径 13.2，底径 5.5，通宽 12.3，通高 18.9	559.4	1	断裂、缺失，曾进行过粘接处理
21	北宋白釉瓷碗	Y1898	原宜昌市文物处移交	口径 14.9，底径 4.5，高 6.3	14.8	1	断裂、缺失，曾进行过粘接处理
22	北宋喇叭口瓷盖托	Y1899	97 秭归庙坪 M75：26	盖口径 7.8，盘口径 12.9，底径 6.3，高 9.0	278.1	1	断裂、缺失、沉积，曾进行过修复处理
23	北宋弦纹青釉瓷钵	Y1900	97 秭归庙坪 M98	口径 15.3，底径 9.3，高 6.0	412.5	1	断裂、缺失，曾进行过修复处理
24	清光绪青花开光花鸟纹瓷箭筒	Z502	原宜昌市文物处 1237-38	口径 23，底径 20.4，高 59.4	8400	1	缺失、沉积
25	清五彩人物纹瓷瓶	Z522	原宜昌市文物处 1250-51	口径 12.9，腹径 16.3，底径 13.1，高 45.1	3530	1	缺失
26	清双龙耳四棱扁花瓶	Y1035	原宜昌市文物处 1259-60	口短颈 12.3，口残颈 16，腹长径 21.3，腹短径 14.8，底短径 10.9，底长径 15	3201	1	缺失
27	唐盘口四系青瓷壶	Y1901	97 秭归庙坪 ZMM89：1	口径 22.3，腹径 22.8，底径 17.9，高 38.5	3655	1	缺失，曾进行过修复处理
28	唐盘口四系青瓷壶	Y1902	97 秭归庙坪 ZMM88：1	口径 20.3，腹径 24.0，底径 17.4，高 38.5	4527	1	断裂、缺失，曾进行过修复处理

续表

序号	器物名称	藏品总登记号	来源	尺寸（cm）	重量（g）	数量（件）	残损情况
29	宋曲状流扁錾带盖瓷壶	Y1903	97 秭归庙坪 ZMM75：1	口径 4.4，腹径 11.8，通长 12.1，底径 7.2，通高 18.7	628	1	缺失、沉积
30	宋双管流瓜棱状瓷执壶	Y1904	96 秭归庙坪 ZMM37：1	口径 11.6，腹径 13.2，通长 14.1，底径 8.3，高 20.9	728	1	缺失
31	明蹄足浮雕梅花纹龙纹瓷香炉	Y1905	2003 巴东旧县坪西 IT3319⑦：1	口径 8.1，腹径 8.2，最宽处 8.5，通高 12.3	177.3	1	断裂、缺失，曾进行过修复处理
32	明青花花卉连珠纹瓷碗	Y1906	秭归卜庄河 CT 沟 6①：2	口径 18.0，底径 6.6，高 8.1	325	1	断裂、缺失，曾进行过修复处理
33	宋乳黄釉瓷盘	Y1907	07ZWM7：12	口径 11.6，底径 8.0，高 2.9	80.6	1	断裂、缺失，曾进行过修复处理
34	宋乳黄釉瓷盘	Y1908	07ZWM7：2	口径 14.8，底径 9.4，高 3.7	160.1	1	断裂、缺失，曾进行过修复处理
35	宋乳黄釉瓷盘	Y1909	07ZWM7：8	口径 14.7，底径 9.7，高 3.7	148.3	1	断裂、缺失，曾进行过修复处理
36	宋乳黄釉瓷盘	Y1910	07ZWM7：5	口径 14.7，底径 9.4，高 3.7	172	1	断裂、缺失，曾进行过修复处理
37	宋乳黄釉瓷盘	Y1911	07ZWM7：7	口径 14.5，底径 10.0，高 3.4	170	1	断裂、缺失、沉积，曾进行过修复处理
38	晋盘口四系青瓷罐	Y1010	原宜昌市文物处 1220-21	口径 12.1，腹径 26.5，底径 14.5	2916	1	缺失，剥釉
39	宋斗形乳白釉瓷碗	Y1626	原宜昌市文物处 1392-193	口径 10.4，底径 3.2，高 6.1	91	1	断裂、冲线，曾进行过粘接处理
40	中华民国酱红釉瓷梅瓶	Y1028	原宜昌市文物处 1251-52	口径 11.0，腹径 19.0，底径 14.5，高 35.3	3215	1	断裂、缺失，曾进行过粘接处理

续表

序号	器物名称	藏品总登记号	来源	尺寸（cm）	重量（g）	数量（件）	残损情况
41	清菊花孔雀纹瓷瓶	Y1636	原宜昌市文物处 1244-45	腹径 19.0，底径 14.5，高 46.2	3139	1	缺失
42	清青花花鸟纹瓷瓶	Y1037	原宜昌市文物处 1252-53	口径 15.8，腹径 21.2，底径 14.5，高 42.8	3214	1	开裂、缺失
43	清窑变釉瓷花瓶	Y1051	原宜昌市文物处 1291-92	口径 7，腹径 9.2，底径 7.1，高 22.1	660	1	缺失
44	清开片铁花青黄釉瓷瓶	Y1049	原宜昌市文物处 1288-89	口径 7.1，腹径 9.2，底径 7.4，高 22.3	478.4	1	缺失
45	清开片铁花青黄釉瓷瓶	Y1048	原宜昌市文物处 1277-78	口径 7，腹径 9.5，底径 7.7，高 22.5	508.2	1	缺失
46	清荷花纹影青釉瓷瓶	Y1053	原宜昌市文物处 1276-77	口径 9.3，腹径 11.3，底径 7.8，高 25.6	896	1	断裂、缺失
47	清珍珠花卉动物纹瓷花瓶	Y1040	原宜昌市文物处 1318-119	口径 7.1，腹径 8.1，底径 7.1，高 22.0	526.1	1	缺失
48	宋开片影青釉瓷碗	Y1639	原宜昌市文物处 C14	口径 12.3，底径 4.9，高 7.9	179	1	断裂
49	清康熙青花缠枝梅花纹瓷瓶	Y1062	原宜昌市文物处 1331-132	口径 8.8，底径 7.7，高 19.3	451.4	1	缺失
50	清球形酱红釉瓷瓶	Y1063	原宜昌市文物处 1332-133	口径 3.7，腹径 10.4，底径 5.4，高 18.4	572.7	1	缺失
51	明堆塑铁花梅花纹瓷瓶	Y1650	原宜昌市文物处 1286-87	口径 7.0，腹径 9.1，高 21.2	550.3	1	缺失

续表

序号	器物名称	藏品总登记号	来源	尺寸（cm）	重量（g）	数量（件）	残损情况
52	明堆塑铁花梅花纹瓷瓶	Y1652	原宜昌市文物处 1290-91	口径 6.0，腹径 7.5，底径 6.4，高 19.6	345	1	缺失
53	清雍正开光龙纹斗彩花卉纹瓷瓶	Y1654	原宜昌市文物处 C43	腹径 9.9，底径 6.9，残高 21.9	491	1	缺失
54	明堆塑梅花纹瓷瓶	Y1653	原宜昌市文物处 1289-90	腹径 8.8，底径 7.3，残高 21.7	475.8	1	缺失
55	明堆塑梅花纹瓷瓶	Y1651	原宜昌市文物处 1287-88	口径 7.4，腹径 8.5，底径 7.3，高 22.8	540.9	1	缺失
56	明成化暗纹高仕图瓷瓶	Y1066	原宜昌市文物处 1520-321	口径 4.6，腹径 6.6，底径 4.1，高 11.5	186.7	2	缺失
57	明龙泉窑菊瓣纹瓷盏	Y1644	原宜昌市文物处 1202-3	口径 11.8，底径 3.4，高 4.9	75.3	1	断裂、缺失、注记、标签，曾进行过粘接处理
58	宋凹弦纹瓷碟	Y1642	原宜昌市文物处 1386-187	口径 14.1，底径 5.4，高 4.3	195.4	1	断裂、缺失、胶痕，曾进行过粘接处理
59	宋莲瓣纹瓷碟	Y1640	原宜昌市文物处 1399-200	口径 14.1，底径 4.9，高 4.4	176.8	1	断裂、缺失、错位、胶痕，曾进行过粘接处理
60	宋瓷碟	Y1643	原宜昌市文物处 1405-206	口径 10.7，底径 3.8，高 2.3	68	1	缺失、擦痕
61	六朝时期菱形纹青釉瓷钵	Y1671	原宜昌市文物处 1430-231	口径 14.5，底径 9.1，高 5.0	298.2	1	缺失、毛边、油漆、剥釉
62	清筒形腹青花莲花纹小瓷瓶	Y1678	原宜昌市文物处 1334-135	口径 3.6，腹径 5.3，底径 3.7，高 13.5	192.3	1	缺失
63	中华民国仿官窑粉彩花鸟纹青白釉瓷方瓶	Y1071	原宜昌市文物处 1283-84	口径 6.9，腹径 77，底径 5.5，高 22.8	623	1	缺失

续表

序号	器物名称	藏品总登记号	来源	尺寸（cm）	重量（g）	数量（件）	残损情况
64	宋酱釉瓷碗	Y1080	原宜昌市文物处 1209-10	口径 12，底径 3.6，高 6.0	163.3	1	断裂、剥釉，曾进行过粘接处理
65	宋龙泉窑斗形影青釉瓷碗	Y1087	原宜昌市文物处 C15	口径 15.4，底径 4.2，高 4.9	218.5	1	断裂、缺失、沉积，曾进行过修复处理
66	宋龙泉窑斗形青釉瓷碗	Y1696	原宜昌市文物处 C16	口径 15.8，底径 3.9，高 5.8	233.5	1	断裂、缺失、沉积，曾进行过修复处理
67	宋花口青白釉瓷碗	Y1689	原宜昌市文物处 1406-207	口径 9.1，底径 3.7，高 6.1	89.5	1	断裂、缺失、沉积，曾进行过粘接处理
68	明青花草叶纹瓷碗	Y1700	原宜昌市文物处 1425-226	口径 14.4，底径 5.6，高 6.9	314.3	1	缺失、沉积
69	宋斗形青白釉瓷碗	Y1690	原宜昌市文物处 1401-202	口径 12.9，底径 3.6，高 5.5	106.9	1	断裂、缺失、黄化、冲线
70	中华民国叶形粉彩虫草纹瓷盘	Y1089	原宜昌市文物处 1343-144	口长径 29，口短径 21.2，底长径 19.5，底短径 12.5，高 5.5	852	1	缺失
71	清雍正豆青花草蕉叶暗纹瓷瓶	Y1092	原宜昌市文物处 1496-297	口径 7.7，腹径 10，底径 7，高 21.2	551.5	1	断裂、缺失
72	中华民国桔红釉粉彩龙凤纹瓷瓶	Y1093	原宜昌市文物处 1285-86	口径 7，腹径 10.9，底径 6.7，高 23.0	664	1	缺失
73	中华民国三足青黄釉瓷香炉	Y1094	原宜昌市文物处 1292-93	口径 14.9，底径 6.6，高 8.1	746	1	断裂，曾进行过粘接处理
74	宋乳黄釉刻划花卉纹瓷碗	Y1105	原宜昌市文物处 1398-199	口径 13.9，底径 4.5，高 5.4	116.8	1	断裂、缺失
75	晋小盘口四系青瓷罐	Y1118	宜昌市第一机床厂 M3：34	口径 5.1，腹径 10.8，底径 6.5，高 8.5	306.4	1	缺失、剥釉

续表

序号	器物名称	藏品总登记号	来源	尺寸（cm）	重量（g）	数量（件）	残损情况
76	东汉硬陶五联罐	Y3694	1985年宜昌市星火路M3：10	口径15.2，底径18.2，高20.0	2461	1	断裂、缺失，曾进行过粘接处理
77	六朝时期桥形钮弦纹四系青瓷罐	Y1686	原宜昌市文物处1472-273	腹径18.1，底径11.6，高16.0	1288	1	缺失、沉积、窑渣
78	六朝时期桥钮菱形纹四系青瓷罐	Y1687	宜昌市星火路M5：7	口径11.0，腹径18.0，底径11.0，高14.4	1291	1	断裂、缺失，曾进行过修复处理
79	明成化筒形青花花鸟纹铁花瓷瓶	Y1121	原宜昌市文物处1253-54	口径19.7，底径15.2，高44.3	4456	1	断裂、缺失，曾进行过粘接处理
80	中华民国粉彩劳作图瓷方瓶	Y1122	原宜昌市文物处1258-59	口径16.1，腹径19.1，底径14.6，高56.2	8522	1	缺失
81	中华民国花鸟纹大瓷盘	Y1129	原宜昌市文物处1345-146	口径31.2，底径19.8，高7.4	2124	1	断裂，曾进行过粘接处理
82	晋盘口瓷壶	Y1131	宜昌市玻璃厂出土	口径8.6，腹径12.5，底径10，高13.6	780	1	缺失、剥釉
83	六朝时期青釉小瓷碗	Y1683	原宜昌市文物处T280	口径8.0，底径4.1，高4.2	112.3	1	缺失、标签，曾进行过修复处理
84	宋高圈足青釉瓷碗	Y1688	原宜昌市文物处1226-27	口径15.3，底径6.3，高7.6	353.9	1	断裂、缺失、沉积、胶痕，曾进行过粘接处理
85	宋大口乳白釉瓷碗	Y1178	原宜昌市文物处1380-181	口径18.8，底径6.5，高6.0	397.7	1	缺失、剥釉
86	宋花口乳白釉瓷碗	Y1179	原宜昌市文物处1203-4	口径18.1，底径5.1，高5.5	251.9	1	缺失
87	清乾隆五彩蝶戏花纹瓷碟	Y1183	原宜昌市文物处1355-156	口径14.1，底径7.6，高2.4	107	2	缺失
88	宋乳黄釉瓷碗	Y1191	原宜昌市文物处1486-287	口径18，底径6.4，高6.9	351.3	1	缺失

续表

序号	器物名称	藏品总登记号	来源	尺寸（cm）	重量（g）	数量（件）	残损情况
89	宋斗形瓷碗	Y1193	原宜昌市文物处 C9	口径 9.9，底径 3.1，高 5.5	80.2	1	断裂、缺失
90	明青花花卉纹瓷碗	Y1203	原宜昌市文物处 1427-228	口径 13.6，底径 5.1，高 5.7	154	1	断裂、缺失
91	宋开片莲口瓷碗	Y1205	原宜昌市文物处 1393-194	口径 12.9，底径 4.2，高 4.3	133	1	缺失
92	明福款瓷碗	Y1206	原宜昌市文物处 1227-28	口径 14.2，底径 6.1，高 6.4	296	1	断裂、缺失、胶痕，曾进行过粘接处理
93	明福款瓷碗	Y1207	原宜昌市文物处 1417-218	口径 14.6，底径 6.5，高 6.6	267.4	1	断裂、缺失，曾进行过粘接处理
94	明六边镂空底座鼎形瓷香炉	Y1209	原宜昌市文物处 1212-13	口径 7.1，底径 7.5，高 11.2	200.6	1	断裂、缺失，曾进行过粘接处理
95	清嘉庆寿字粉彩缠枝花卉纹瓷盘	Y1215	原宜昌市文物处 1347-148	口径 25.5，底径 15.9，高 4.4	657	1	断裂、缺失
96	宋刻花缠枝菊花纹瓷碗	Y1223	原宜昌市文物处 1201-2	口径 12.4，底径 3.5，高 5.3	124.4	1	断裂、缺失，曾进行过粘接处理
97	中华民国折沿粉彩花卉纹瓷盆	Y1235	原宜昌市文物处 1519-320	口径 29，底径 15.1，高 9.5	1353	1	缺失
98	清雍正兰草纹瓷盘	Y1242	原宜昌市文物处 1529-330	口径 22.8，底径 13.7，高 3.7	337	1	缺失
99	清雍正花口兰草纹高足盘	Y1243	原宜昌市文物处 1529-330	口残长 28.3，口宽 22.8；底长 17.2，底宽 13，高 5.4	695	1	缺失
100	清雍正兰草纹瓷盘	Y1244	原宜昌市文物处 1522-323	口径 23，底径 13.9，高 3.4	403	1	缺失
101	六朝时期青釉瓷盆	Y1245	宜昌市机床厂 M4:2	口径 23.8，底径 15.4，高 7.0	1182	1	缺失、剥釉、沉积

续表

序号	器物名称	藏品总登记号	来源	尺寸（cm）	重量（g）	数量（件）	残损情况
102	六朝时期折沿青釉瓷盆	Y1246	原宜昌市文物处 T86	口径 24.1，底径 14.5，高 8.3	1396	1	断裂、缺失，曾进行过修复处理
103	北宋乳白釉瓷碗	Y1254	秭归望江墓群 M24：2	口径 14，底径 5.8，高 4.7	174.3	1	断裂、缺失、胶痕，曾进行过粘接处理
104	北宋菊花纹瓷盘	Y1257	秭归望江墓群 26：4	口径 16.5，底径 4.7，高 4.3	219	1	断裂、缺失、剥釉
105	北宋瓜棱瓷罐	Y1260	秭归望江墓群 M28：2	口径 9.6，腹径 13.1，底径 6.2，高 13.9	525.4	1	断裂、缺失
106	唐双系酱釉瓷罐	Y1262	秭归望江墓群 M14：9	口径 7.8，腹径 10.9，底径 7.2，高 13.3	428	1	断裂、缺失，曾进行过粘接处理
107	唐双铺首环耳黑白彩绘连珠纹瓷罐	Y1266	秭归望江墓群 M9：3	口径 14.2，腹径 18.7，底径 16.1，高 21.7	1407	1	断裂、缺失，曾进行过粘接处理
108	唐四系盘口瓷壶	Y1267	秭归望江墓群 M14：7	口径 23.6，腹径 24.3，底径 18.1，高 42.7	5423	1	断裂、缺失、胶痕，曾进行过粘接处理
109	唐四系盘口瓷壶	Y1268	秭归望江墓群 M33：3	口径 23，腹径 25.2，底径 17，高 40.6	4398	1	开裂、缺失，曾进行过粘接处理
110	北宋斗形枝叶暗纹瓷碗	Y1282	秭归望江墓群 M5：2	口径 13.9，底径 3.5，高 5.4	116.6	1	断裂、缺失，曾进行过粘接处理
111	北宋斗形草叶纹瓷碗	Y1287	秭归望江墓群 M21：3	口径 18.8，底径 5.8，高 5.8	285.2	1	断裂、缺失，曾进行过粘接处理
112	明饼足黑釉小瓷碗	Y1291	秭归望江墓群 M36：2	口径 10.0，底径 4.0，高 4.1	107.1	1	空鼓、缺失
113	宋高足瓷碗	Y1298	85YZXT0503 ②	口径 12.5，底径 12.8，高 8.3	159.5	1	断裂、缺失，曾进行过粘接处理
114	宋高足瓷碗	Y1302	YXT5（2E）：8	底径 4.8，高 6.1	173.9	1	断裂、缺失、剥釉，曾进行过粘接处理

续表

序号	器物名称	藏品总登记号	来源	尺寸（cm）	重量（g）	数量（件）	残损情况
115	宋双耳带流瓷执壶	Y1303	85YZET7M9：5	口径5.2，腹径11.7，底径7.1，高15.2	294.4	1	缺失
116	宋青釉瓷碗	Y1305	85YZET⑥：2	口径12.4，底径4.9，高5.2	126	1	断裂、缺失，曾进行过粘接处理
117	唐瓜棱黑釉瓷罐	Y1912	秭归望江墓群M32：1	口径11.5，腹径13.6，底径6.6，高12.9	606	1	断裂、缺失，曾进行过粘接处理
118	唐盘口四系瓷壶	Y1913	秭归望江墓群M10：2	残口径10.4，腹径14.9，底径9.7，高19.6	989	1	断裂、缺失、胶痕，曾进行过粘接处理
119	清铁花梅花纹瓷瓶	Y1914	原宜昌市文物处移交	口径7.1，腹径9.6，底径5.8，高19.8	467	1	断裂、缺失、胶痕，曾进行过粘接处理
120	宋饼底青釉瓷杯	Y1915	原宜昌市文物处移交	口径8.6，底径2.9，高5.5	140	1	断裂、缺失，曾进行过粘接处理
121	中华民国粉彩龙虎纹瓷瓶	Y1031	原宜昌市文物处1236-37	口径18.8，腹径38.5，底径17.7，高45.9	4058	1	断裂、缺失，曾进行过粘接处理
122	中华民国粉彩人物纹花口瓷碗	Y1443	原宜昌市文物处1348-149	口长径27.4，口短径21.8，底长径16.9，底短径12.9，高8.0	1038	1	断裂、缺失，曾进行过粘接处理
123	清白釉瓷钵	Y1459	原宜昌市文物处1262-63	口径26.3，底径16.7，高16.2	2335	1	断裂，曾进行过粘接处理
124	中华民国粉彩八仙人物纹瓷瓶	Y1475	原宜昌市文物处1254-55	口径18.3，腹径20.3，底径17.6，高44.5	3443	1	断裂、缺失、伤彩，曾进行过粘接处理
125	清八棱寿纹瓷瓶	Y1477	原宜昌市文物处1248-47	口径17.5，腹径20.5，底径14.3，高51.8	5155	1	缺失

续表

序号	器物名称	藏品总登记号	来源	尺寸（cm）	重量（g）	数量（件）	残损情况
126	中华民国开光山水纹瓷瓶	Y1478	原宜昌市文物处 1242-44	口径 18.1，底径 13.5，高 34.6	1944	1	断裂、缺失、标签，曾进行过粘接处理
127	中华民国粉彩儿童嬉戏纹双耳瓷瓶	Y1479	原宜昌市文物处 1232-33	口径 19.8，腹径 21.5，底径 16.9，高 56.7	6142	1	缺失
128	宋刻花荷口瓜棱瓷瓶	Z149	宜昌中堡岛 M113：3	口径 7.8，腹径 9.06，底径 7.2，高 18.7	400	1	断裂，曾进行过粘接处理
129	中华民国仿"乾隆"款橄榄形瓷尊	Z520	原宜昌市文物处 1261-62	口径 14.67，底径 17.52，高 41.6	3715	1	缺失
130	明三彩狮子形瓷灯盏	Z770	2010XDM1：2东室	通高 30.5，身长 24，宽 10，座长 15.3，宽 10.3，高 7.5，盖径 7.5×8.2	1620	1	断裂、缺失，曾进行过修复处理
131	清乾隆蓝地青花博古图瓷瓶	Z373	原宜昌市文物处 56-1255	口径 30.38，底径 26，腹径 37，高 82.3	21555	1	缺失
132	宋刻划花卉纹高足瓷炉	Z371	原宜昌市文物处 11-1210	口径 6.48，底径 4.79，高 8.2	100.6	1	缺失、黄化
133	宋刻花葵口瓷碗	Z368	宜昌市二中（190-1389）	口径 12.6，底径 4.9，高 8.6	210	1	断裂、缺失、沉积
134	宋刻划弦纹璧底瓷杯	Z457	湖北省秭归望江墓群 M14：8	口径 7.28，底径 4.9，高 6.8	160.34	1	断裂、缺失，曾进行过粘接处理
135	宋刻花弦纹圈足瓷杯	Z370	原宜昌市文物处 699-2106	口径 7.82，底径 4.74，通高 6.6	152.66	1	断裂、缺失，曾进行过粘接处理
136	宋荷口瓷盏托	Z493	宜昌市东门外（7-1206）	口径 12.3，底径 5.5，高 2.7	135	1	缺失
137	宋刻划莲瓣纹瓷碗	Z376	湖北省宜昌市二中	口径 12.3，底径 3.9，高 5.9	120	1	断裂、裂纹，曾进行过粘接处理

续表

序号	器物名称	藏品总登记号	来源	尺寸（cm）	重量（g）	数量（件）	残损情况
138	宋刻划莲瓣纹瓷盏	Z361	宜昌市二中（188-1387）	口径 13.4，底径 4.6，高 4.7	160	1	断裂、胶痕、冲线，曾进行过粘接处理
139	宋三角波折纹瓷杯	Z523	宜昌市东门外（16-1215）	口径 9.25，底径 6.45，腹径 8.35，高 10	230	1	断裂、缺失、沉积
140	六朝时期青瓷虎子	Z484	宜昌市郊农委 M1：5	口径 5.62，长 23，高 17.7	1975	1	缺失、剥釉
141	六朝时期青釉瓷盖托	Z377	湖北省当阳郑家凹子 M19：13	口径 9.9，底径 12.6，高 5.1	525	1	缺失、剥釉
142	明青花莲托八宝纹瓷碗	Z359	湖北省宜昌市碑湾 M5：5-1-2	口径 14.9，底径 5.3，高 6.6	227.5	2	断裂、沉积
143	明青花海水翼龙纹瓷碗	Z495	湖北省宜昌市东山（32-1231）	口径 15.1，底径 5.2，高 5.5	210	1	缺失、裂纹
144	宋耀洲窑刻花莲瓣纹瓷香炉	Z496	原宜昌市文物处 15-1214	口径 12.08，底径 6.69，高 7.2	250	1	断裂、缺失、剥釉，曾进行过粘接处理
145	宋刻划葵瓣纹花卉纹瓷碗	Z360	原宜昌市文物处（185-1384）	口径 12.4，底径 3.5，高 5.4	125	1	断裂、缺失、胶痕、注记，曾进行过粘接处理
146	明青花瓷碗	Y5349	中堡岛东区 T3013A382：104	口径 23.5，高 8.0	895.2	1	缺失、脏污、空鼓，曾进行过修复处理
147	六朝时期附加堆纹青瓷炉	Z488	宜昌市机床公司（613-2020）	口径 12.03，腹径 13.9，底座口径 16.6，底径 11.76，残高 11	1120	1	断裂、缺失、剥釉，曾进行过粘接处理
148	六朝时期四系瓷罐	Z528	原宜昌市文物处 20-1219	口径 9.07，腹径 17.18，底径 9.25，高 19.8	1735	1	断裂、缺失、沉积，曾进行过粘接处理
149	清镇江阁瓷宝顶	Z504	宜昌市镇江阁（748-2155）	内口径 8.6，外沿径 24.8，腹径 23.4，足径 14.3，高 27.9	3660	1	缺失、黄化

续表

序号	器物名称	藏品总登记号	来源	尺寸（cm）	重量（g）	数量（件）	残损情况
150	宋瓜形瓷粉盒	Z150	湖北省宜昌中堡岛 M10：7	直径 10.34，高 4.8，底径 8.5	280	1	断裂、沉积，曾进行过粘接处理
151	明景德镇窑制款青花龙纹瓷碗	Y1726	93YZ 东 T1201N 窖藏 -24	口径 15.4，底径 6.9，高 7.1	236.9	1	断裂、缺失，曾进行过粘接处理
152	明景德镇窑制款青花龙凤纹瓷碗	Y1727	93YZ 东 T1201N 窖藏 -25	口径 14.8，底径 6.5，高 7.5	249.3	1	断裂、缺失，曾进行过粘接处理
153	明景德镇窑制款青花龙凤纹瓷碗	Y1728	93YZ 东 T1201N 窖藏 -26	口径 14.9，底径 7.2，高 7.0	208.6	1	断裂、缺失，曾进行过粘接处理
154	明景德镇窑制款青花龙纹瓷碗	Y1729	93YZ 东 T1201N 窖藏 -27	口径 14.6，底径 6.8，高 7.0	230.1	1	断裂、缺失，曾进行过粘接处理
155	明景德镇窑青花龙凤纹瓷碗	Y1730	93YZ 东 T1201N 窖藏 -28	口径 15.0，底径 6.9，高 7.0	240.5	1	断裂、缺失，曾进行过粘接处理
156	明景德镇窑制款青花龙纹瓷碗	Y1731	93YZ 东 T1201N 窖藏 -29	口径 15.0，底径 6.7，高 7.2	230	1	断裂、缺失，曾进行过粘接处理
157	明景德镇窑制款青花龙纹瓷碗	Y1732	93YZ 东 T1201N 窖藏 -30	口径 14.7，底径 7.0，高 6.7	205.5	1	断裂、缺失，曾进行过粘接处理
158	明景德镇窑制款青花龙纹瓷碗	Y1733	93YZ 东 T1201N 窖藏 -31	口径 15.2，底径 6.9，高 7.0	152.4	1	断裂、缺失，曾进行过粘接处理
159	明景德镇窑制款青花龙纹瓷碗	Y1764	93YZ 东 T1201N 窖藏 -62	口径 14.9，底径 6.6，高 7.0	223.9	1	断裂、缺失，曾进行过粘接处理
160	明景德镇窑制款青花凤纹瓷碗	Y1765	93YZ 东 T1201N 窖藏 -63	口径 14.9，底径 6.9，高 6.6	141.3	1	断裂、缺失，曾进行过粘接处理
161	明景德镇窑制款青花凤纹瓷碗	Y1766	93YZ 东 T1201N 窖藏 -64	口径 14.5，底径 6.9，高 6.6	92.7	1	缺失
162	明景德镇窑制款青花龙凤纹瓷碗	Y1767	93YZ 东 T1201N 窖藏 -65	口径 14.9，底径 6.9，高 6.7	195.4	1	断裂、缺失，曾进行过粘接处理
163	明景德镇窑制款青花龙凤纹瓷碗	Y1768	93YZ 东 T1201N 窖藏 -66	口径 14.9，底径 6.7，高 6.8	220.3	1	断裂、缺失，曾进行过粘接处理

续表

序号	器物名称	藏品总登记号	来源	尺寸（cm）	重量（g）	数量（件）	残损情况
164	明景德镇窑制款青花龙凤纹瓷碗	Y1769	93YZ 东 T1201N 窖藏 -67	口径 14.9，底径 6.6，高 6.6	218.3	1	断裂、缺失，曾进行过粘接处理
165	明景德镇窑青花龙纹瓷碗	Y1770	93YZ 东 T1201N 窖藏 -68	口径 14.9，底径 6.9，高 6.6	100.6	1	断裂、缺失，曾进行过粘接处理
166	明景德镇窑制款青花龙凤纹瓷碗	Y1771	93YZ 东 T1201N 窖藏 -69	口径 15.0，底径 6.9，高 6.8	220.4	1	断裂、缺失，曾进行过粘接处理
167	明景德镇窑制款青花龙凤纹瓷碗	Y1806	93YZ 东 T1201N 窖藏 -104	口径 15.0，底径 6.6，高 7.0	214	1	断裂、缺失，曾进行过粘接处理
168	明景德镇窑制款青花龙凤纹瓷碗	Y1807	93YZ 东 T1201N 窖藏 -105	口径 15.3，底径 6.8，高 6.9	219.4	1	断裂、缺失，曾进行过粘接处理
169	明景德镇窑制款青花龙凤纹瓷碗	Y1808	93YZ 东 T1201N 窖藏 -106	口径 15.0，底径 6.6，高 7.1	214.6	1	断裂、缺失，曾进行过粘接处理
170	明景德镇窑制款青花龙凤纹瓷碗	Y1809	93YZ 东 T1201N 窖藏 -107	口径 15.0，底径 7.0，高 7.1	155.5	1	断裂、缺失，曾进行过粘接处理
171	明景德镇窑制款青花龙凤纹瓷碗	Y1814	93YZ 东 T1201N 窖藏 -112	口径 15.2，底径 7.2，高 6.8	178.7	1	断裂、缺失、剥釉，曾进行过粘接处理
172	明景德镇窑制款青花龙凤纹瓷碗	Y1815	93YZ 东 T1201N 窖藏 -113	口径 14.9，底径 6.8，高 7.0	204.5	1	断裂、缺失，曾进行过粘接处理
173	明景德镇窑制款青花龙凤纹瓷碗	Y1816	93YZ 东 T1201N 窖藏 -114	口径 15.0，底径 6.8，高 6.6	214.8	1	断裂、缺失，曾进行过粘接处理
174	明景德镇窑制款青花龙凤纹瓷碗	Y1817	93YZ 东 T1201N 窖藏 -115	口径 14.7，底径 6.8，高 6.6	220.8	1	断裂、缺失，曾进行过粘接处理
175	明景德镇窑制款青花龙凤纹瓷碗	Y1818	93YZ 东 T1201N 窖藏 -116	口径 15.4，底径 6.8，高 6.9	238.2	1	断裂、缺失，曾进行过粘接处理
176	明景德镇窑制款青花龙凤纹瓷碗	Y1819	93YZ 东 T1201N 窖藏 -117	口径 15.4，底径 6.8，高 6.9	168.5	1	断裂、缺失，曾进行过粘接处理
177	明景德镇窑制款青花龙凤纹瓷碗	Y1820	93YZ 东 T1201N 窖藏 -118	口径 15.0，底径 6.8，高 6.7	248.5	1	断裂、缺失，曾进行过粘接处理

序号	器物名称	藏品总登记号	来源	尺寸（cm）	重量（g）	数量（件）	残损情况
178	明景德镇窑制款青花龙凤纹瓷碗	Y1821	93YZ 东 T1201N 窖藏 –119	口径 15.5，底径 7.0，高 6.7	125.5	1	断裂、缺失，曾进行过粘接处理
179	明景德镇窑青花龙凤纹瓷碗	Y1822	93YZ 东 T1201N 窖藏 –120	口径 16.0，底径 7.1，高 6.9	99.6	1	断裂、缺失，曾进行过粘接处理
180	明景德镇窑制款青花龙凤纹瓷碗	Y1847	93YZ 东 T1201N 窖藏 –145	口径 15.1，底径 6.7，高 6.8	241.3	1	断裂、缺失、沉积，曾进行过粘接处理
181	明景德镇窑制款青花龙凤纹瓷碗	Y1848	93YZ 东 T1201N 窖藏 –146	口径 15.2，底径 7.0，高 6.8	214.9	1	断裂、缺失，曾进行过粘接处理
182	明景德镇窑制款青花龙凤纹瓷碗	Y1849	93YZ 东 T1201N 窖藏 –147	口径 16.6，底径 6.9，高 6.9	113.3	1	断裂、缺失，曾进行过粘接处理
183	明景德镇窑制款青花龙凤纹瓷碗	Y1850	93YZ 东 T1201N 窖藏 –148	口径 15.2，底径 6.7，高 6.8	200.9	1	断裂、缺失，曾进行过粘接处理
184	明景德镇窑制款青花龙凤纹瓷碗	Y1867	93YZ 东 T1201N 窖藏 –165	口径 14.9，底径 6.6，高 6.4	192.9	1	断裂、缺失，曾进行过粘接处理
185	明景德镇窑制款青花龙凤纹瓷碗	Y1868	93YZ 东 T1201N 窖藏 –166	口径 15.5，底径 6.8，高 6.7	125.1	1	断裂、缺失，曾进行过粘接处理
186	明景德镇窑制款青花龙凤纹瓷碗	Y1870	93YZ 东 T1201N 窖藏 –168	口径 16.2，底径 6.6，高 6.6	133.3	1	断裂、缺失，曾进行过粘接处理
187	明景德镇窑制款青花龙凤纹瓷碗	Y1871	93YZ 东 T1201N 窖藏 –169	口径 15.0，底径 6.8，高 6.6	134.7	1	断裂、缺失，曾进行过粘接处理
188	明景德镇窑制款青花龙纹瓷碗	Y1311	93 中堡岛窖藏 213 号	口径 15.2，底径 6.8，高 6.7	217	1	断裂、缺失，曾进行过粘接处理
189	明景德镇窑青花写意草叶纹瓷碗	Y1312	93 中堡岛窖藏 214 号	口径 19.4，底径 7.0，高 6.9	349	1	断裂、缺失，曾进行过粘接处理
190	明景德镇窑青花写意草叶纹瓷碗	Y1881	93YZ 东 T1201N 窖藏 –179	口径 19.3，底径 6.9，高 6.9	353.1	1	断裂、缺失，曾进行过粘接处理
191	明景德镇窑青花写意草叶纹瓷碗	Y1882	93YZ 东 T1201N 窖藏 –180	口径 19.3，底径 7.3，高 7.5	343	1	断裂、缺失，曾进行过粘接处理

续表

序号	器物名称	藏品总登记号	来源	尺寸（cm）	重量（g）	数量（件）	残损情况
192	明景德镇窑青花写意草叶纹瓷碗	Y1883	93YZ 东 T1201N 窖藏－181	口径 19.3，底径 7.0，高 7.5	329.7	1	断裂、缺失，曾进行过粘接处理
193	明景德镇窑青花写意草叶纹瓷碗	Y1886	93YZ 东 T1201N 窖藏－184	口径 19.2，底径 7.1，高 7.6	342.8	1	断裂、缺失，曾进行过粘接处理
194	明景德镇窑青花写意草叶纹瓷碗	Y1887	93YZ 东 T1201N 窖藏－185	口径 19.3，底径 7.1，高 7.0	360.9	1	断裂、缺失，曾进行过粘接处理
195	明景德镇窑青花写意草叶纹瓷碗	Y1890	93YZ 东 T1201N 窖藏－188	口径 19.2，底径 7.0，高 7.0	317.6	1	断裂、缺失，曾进行过粘接处理
196	中华民国青花龙纹瓷盂	Y17915	秭归卜庄河 CTG6①：1	口径 20.6，底径 10.0，通高 11.8	1022	1	裂纹、缺失，伤彩，曾进行过修复处理
197	唐束颈半环耳瓷壶	Y28675	2001ZDM85：12	口径 20.5，腹径 19.7，底径 13.1，高 31.0	3266	1	缺失、伤釉、胶痕，曾进行过粘接处理

第二节　价值评估

　　这批待保护修复的瓷器包括了两晋、南北朝、唐代、宋代、明代、清代（主要为康熙、雍正、乾隆、嘉庆时期）、中华民国等时期的青釉瓷器41件，影青釉瓷器13件，青黄釉瓷器11件，乳黄釉瓷器9件，黄釉瓷器5件，青白釉瓷器65件，乳白釉瓷器7件，白釉瓷器4件，橙红釉瓷器4件，祭红釉瓷器1件，红釉瓷器5件，酱釉瓷器4件，绿釉瓷器3件，黑釉瓷器2件，粉彩瓷器2件，五彩瓷器1件，斗彩瓷器1件，其他瓷器19件；体量大小不一，最大的为口径30.4cm、通高82.3cm，重量达21555g的青花龙耳盘口瓷瓶，最小的为口径14.9cm、高6.3cm、重量仅14.8g的敞口圈足白釉瓷碗。

　　原始青瓷是在烧制陶器的基础上产生的。在湖北省随州市叶家山西周墓内出土较多且有仿铜器风格的原始青瓷器，三峡地区也曾有发现。青瓷历经春秋战国时期的发展，到东汉有了重大突破；到三国两晋南北朝时期，南北各地烧制青瓷更为普遍。南方青瓷一般胎质坚硬细腻，呈淡灰色，釉色晶莹纯净，常用类冰似玉来形容。

　　白釉是瓷器的本色釉，出现于北朝。河南省安阳市北齐范粹墓出土的白瓷，是中国至今所见最早的白瓷。白瓷类中还有甜白釉、青白瓷、象牙白等。

　　五彩瓷器，以色彩丰富繁多，装饰效果浓烈在瓷苑中独树一帜。五彩瓷是成熟于明代的釉上彩绘瓷，因此，也称"大明五彩"。五彩瓷器经历了明宣德成化年间的兴起期，弘治正德时的平衡发展期，嘉靖万历时的成熟期，天启崇祯时的变化期，清康熙时的鼎盛期及雍正以后的没落期。

　　这些不同釉色的瓷器，正是宜昌地区瓷器发展的历程和脉络，代表着宜昌文化的风格，是不可多得的生产、生活的历史见证。

　　在宜昌区域不同遗址的多次发掘过程中，出土了大量不同年代的残损器物。瓷器烧造以明景德镇为主，覆盖了唐、宋、明、清等时期。器型既有实用器，也有陈设瓷。其中包括碗、盘、罐、杯、瓶、香炉、壶、粉盒、灯盏、虎子、执壶、钵、盏托等。这些出土器物极大丰富了宜昌地区瓷器的品种，为研究宜昌地区瓷器使用的发展变化、经济文化交流提供了宝贵的实物资料，具有重要的文化价值。

　　此外，1992 年宜昌地区和宜昌市合并为地级宜昌市，宜昌市文物管理处撤销，人员分流，所藏文物全部移交给宜昌博物馆。这批文物部分为社会征集，部分为墓葬及遗址出土。其中移交的瓷器藏品包罗万象，年代跨度大，从晋代开始，直到中华民国时期，器型包括瓶、碗、香炉、罐、盘、壶、碟、梅瓶、盆、高足盘、盏托、钵、杯、箭筒等，釉色包含有青花、青釉、影青釉、青黄釉、黄釉、青白釉、白釉、乳白釉、乳黄釉、酱黄釉、酱红釉、祭红釉、绿釉、粉彩、五彩、斗彩、蓝地青花等品种。部分传世藏品在艺术、实用性等方面与出土器物相互补充、相互融洽，为研究提供更为全面的实物资料，具有重要的艺术价值和研究价值。

　　部分发掘出土瓷器残片入藏宜昌博物馆，在简单的清洗后，进行了整理及拼对工作；原文物处移交藏品，部分也曾进行过拼对及修补工作。这批经简单拼对粘接的瓷器大多需要经二次修复，加上原本未经过修复的瓷器共计 500 余件 / 套。本项目针对其中亟须保护的 197 件 / 套瓷器，进行病害调查、保护修复、改善文物保存环境等，尽可能恢复其文化艺术价值，并延缓其劣变进程。

第三节　保护修复意义

一、消除保管及陈列隐患

部分瓷器在最初拼对时仅用快干胶进行了临时性粘接，已粘接的各碎片之间存在不同程度的错位，处于并不稳定的状态；同时快干胶易于老化而逐渐失去黏性，拼接好的瓷器会因自重而垮塌。此外，一些器物大块面积的缺失，既影响了碎片间的连接，也影响了器物的重心位置和放置的稳定性。这些都会造成对文物的二次伤害。因此需要加以稳固而耐久的粘接，并加以填充、补配，消除保存及陈列时的隐患。

二、延缓文物劣变进程

在出土瓷器中，由于制作工艺缺陷和埋藏环境等因素的影响，一些器物出现了不同程度的病害，有些严重影响到器物的保存。例如晋代、宋代的一些青釉、酱釉器物，因胎与釉之间化妆土的影响，发生了大面积的剥釉现象，并且在出土后的保存过程中，破坏状况有加剧趋势。故需要对釉和胎的成分、在不同环境下的稳定性、劣变成因等加以科学的检测分析，并设计有针对性的保护处理方法，以延缓文物劣变进程。

三、恢复文物的艺术性和观赏性

传世瓷器作为人们所钟爱的收藏品，其艺术价值毋庸置疑，即便在保存过程中因不可避免的因素而有所缺损，但不可小觑其内在价值。目前这批瓷器存在开裂、缺失、表面污染等病害，并有前期进行拼接残留的胶痕和补配的石膏，严重影响了文物艺术价值的呈现。适当的修复，使之适于博物馆陈列和公众欣赏，可以展现其所代表的当时中国精湛的瓷器制作工艺和卓越的艺术水平，更好地弘扬我国传统文化，传承中华文明。

四、对宜昌地区瓷器研究起到重要作用

对于这批年代不同、种类不同、烧造情况不同、保存状态不同的大量瓷片和器物，在修复之前的整理以及科学分析过程中可以获得很多细节信息，在总结归纳后，可以结合其他信息资料探讨不同年代的烧造工艺，以及与其他地区的经济贸易关系等，这些都是宜昌地区瓷器研究的第一手重要资料。

第二章
文物保护修复
技术路线

第一节　瓷器保护修复技术流程

在对文物进行保护修复之前，首先要对文物现状进行信息采集与检测分析，然后针对文物实际病害情况与具体保护修复需求制定相应修复流程，同时在实施过程中完成文物的保护修复档案。

保护修复技术流程见下图：

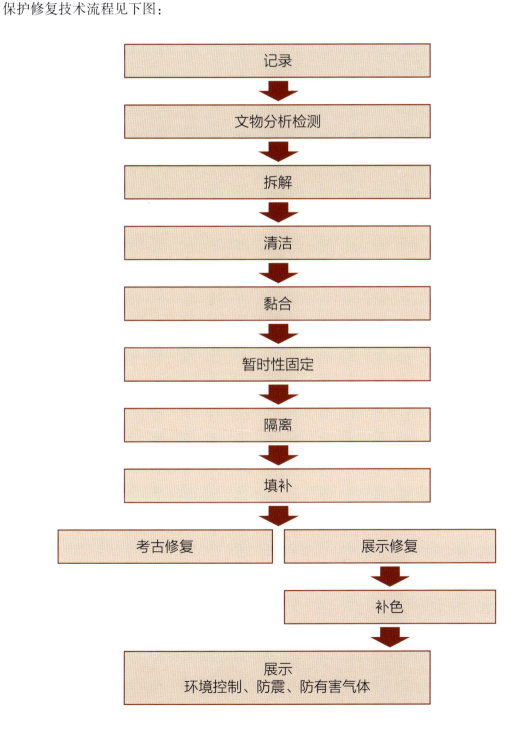

第二节   文物保护理念

保护文物的实质，是保持文物的历史价值、艺术价值和科学价值。只有保留文物本来面貌，才能保存其珍贵价值。本项目实施依据《中华人民共和国文物保护法》对文物保护的基本要求，按照国际文物保护界对藏品保护修复的基本原则——"保持艺术品原状"，严格遵守保护修复工作"修旧如旧、保持原貌"的总原则进行。所有的工作程序、处理方法，均必须保证不改变文物本质，也不改变文物原貌，全面地保存、延续文物的真实信息和历史、艺术、科学价值，确保文物安全及增强文物的抗腐蚀能力，并以不影响今后再次保护修复为前提。

一、修复的最小干预性

除对文物有害的部分处理外，应保护其原有的外观，尽量减少对文物的干预，即最小干预性。

控制修复范围，实现最小干预既是文物修复的原则要求，也是修复质量好坏的关键。范围越小，要补配、补色的内容越少，越容易掩盖住破损；范围越大，要补配、补色的内容越多，越容易露出瑕疵。

要做到修复的最小干预性，一是修复前预判，正确规划修复所涉及的范围；二是修复的每一步都控制住涉及范围，才能控制住最终的修复范围。

二、修复的实效性

保护处理不能留隐患，不使用长期保存后会发生变化或不可预测结果的材料及技术手段，要尽量增加文物对外界有害因素的抵抗力。不能破坏文物或残留物携带的信息，以及对今后研究可能有价值的因素。

三、材料的可再处理性

对于任何使用的材料，如加固剂和表面封护剂，要强调其可再处理性，以备材料老化后或更好的材料诞生后可以替换，即文物修复过程中的可逆性。

四、修复标准的可调整性

对于本项目所修复瓷器，其修复标准并不是统一的。

如何把握修复标准，既能满足展示陈列要求，又不改变原貌、不损害文物本体，也使被修复部位具有可识别性，这是我们必须考虑的问题。

根据该批瓷器的破损情况和展陈要求，我们确定了两种修复标准。其一是陈列修复与美术修复相结合，主要针对那些残损程度较轻，大部分处于完整状态的器物，按照瓷器修复流程，尽量达到观众视觉上的完美无缺，展示其特有的艺术性。第二种是考古修复与陈列修复相结合，既还原文物本来面貌，又保留修复痕迹，不掩盖其原有历史信息。同时在展示中也可让观众明显区分两种修复方法的区别。

修复标准的可调整性，为的是将器物所反映的历史信息能更好地展示给观众，既要求美观，也要求内涵。我们根据器物的残损情况和展陈要求，灵活变通，合理修复。

五、保存的预防性

预防性保护胜于修复为现今文物保护的重要观点，针对陶瓷器修复在前期的设计保护方案要求，任何器物保护前都应进行尽可能详尽的观察、分析、检测，确保对器物全面了解之后才可进行修复保护。修复完成后，收藏与展陈环境的控制以及包装也极为重要。经过修复的陶瓷器，并不能代表永远可以安全地流传于世，所以在展厅以及库房微环境的控制，如温湿度、防震、有机挥发气体等的监控就相当重要，以防陶瓷本身以及修复材料的持续劣化。

第三章
前期调查与检测

第一节　文物的保存现状与状态

　　馆藏这批瓷器修复前主要有以下几种保存现状：断裂、裂纹、冲线、错位、毛边、破碎等自然情况，以及人为保管不当或修复失误而产生的其他问题。不同的破损情况有不同的修复方案，在实施修复前，必须对器物进行全面、细致的观察和分析，才可拟定出确实可行的保护修复计划。

　　劣化，是指高分子物质受热、光、紫外线、氧、臭氧及各种化学药品作用，发生变色、龟裂、强度降低等物理或化学性能变化。这些外部条件能引起高分子主链断裂或交联，导致结构变化且性能降低。判断劣化程度多用力学或电性能等各种物理性能变化作为尺度。本报告用各种瓷器劣化的现象来描述该批瓷器的保存现状与状态。

一、断裂

　　裂缝与断裂在陶瓷损害劣化定义上一致，为常见的劣化情形，通常是陶瓷类文物受到碰撞或挤压所造成的结果。断裂状况可分为完全性断裂与粉碎性断裂两种（图3-1）。

二、惊纹·裂纹

　　惊纹或裂纹是陶瓷表面可以见到的裂痕通称。裂痕有表面裂痕与胎体裂痕两种情形，此时陶瓷尚未断裂，属于有潜在劣化威胁的状态，需要避免碰撞，加强温湿度环境控制，并且在修复方法上给予适当的加固处理（图3-2）。

三、冲口·冲线

　　冲口或冲线也是瓷器常见的劣化情形，指瓷器口部或足部因与其他器物相碰而出现长短不一的细裂纹，并且穿透于瓷胎的纹路劣化情形。一些细小裂纹往往不容易看出，逐渐自然延伸。若温度

图3-1　断裂

图3-2　裂纹

图3-3　冲口

骤然变化，会加速冲线的延伸速度。此外，随着时间推移，污渍进入冲线，慢慢变黑变黄。此时的瓷器尚未断裂，状况比惊纹、裂纹轻微些，但影响瓷器美观（图3-3）。

四、错位

错位有两种，其一为陶瓷断裂形成的断面与断面间位置错动（通常没有完全分离），其二为人为修复后黏着剂粘接不准确造成错位（图3-4）。

五、毛边

毛边，即伤釉，剥釉，或掉釉，特指口缘处或是足部位置的损伤情形（图3-5）。

六、破碎

破碎，在陶瓷损伤中可以算是最严重的状态。造成的原因相当多，在考古来看，因长时间地层埋藏挤压与风化，造成陶瓷由断裂渐成细碎，或者在收藏环境中，因地震、洪水、火灾等自然或人为因素造成破碎。在瓷器劣化中直接以"破碎"称呼，需要复杂的修复方法来处理（图3-6）。

七、龟裂

陶瓷器表面因长年的温度、湿度变化，水蒸气、盐分、有机物等渗透入胎体中，经过毛细效应，在釉体或胎体表面产生连续性的细裂纹，但并没有断裂的情形，在陶器上便是"龟裂"，在瓷器上通常称之为"冰裂"。一般瓷器不会将它视为劣化情形，但在功能性瓷器上出现非预期冰裂可看作劣化情形。它对于胎体结构是个潜在的威胁，会有持续劣化、最后形成"破碎"状态的风险，需立即处理（图3-7）。

图3-4　错位　　　　　　　　图3-5　毛边　　　　　　　　图3-6　破碎

八、釉上彩剥落

釉上彩剥落，原用"伤彩"一词，主要发生在釉上彩瓷器（如五彩、粉彩、斗彩、珐琅彩等）表面，因烧制温度不高（附着力有限），又遇到刮、削、磨等外力作用造成损伤或剥落。瓷器有时因烧制产生气泡或空鼓现象也会容易造成釉上彩损坏的情形（图3-8）。

图 3-7　龟裂

图 3-8　伤彩

图 3-9　缺失

图 3-10　硬结物

图 3-11　擦痕

图 3-12　变形

九、缺失·缺损

陶瓷劣化里面常见的一种情形,指陶瓷口缘、器身、足部,因撞击或其他人为或自然原因造成缺少、遗失部分器身的状况。在陶瓷修复理论上,一般缺损达到器物的三分之二以上,因为修复假设性过高,便不给予修复,或者器物口部或足部完全消失,也不给予修复复原(图3-9)。

十、硬结物

陶瓷长时间埋藏在土壤或水中,许多有机或无机胶结物会伴随砂土或泥土沉积附着在陶瓷表面,造成表面覆盖,埋藏过程中形成的表面沉积物,可呈现白、黄、灰等多种颜色。经物相分析,大部分为石英及硅铝酸盐矿物;少部分为方解石。这两种沉积物相应的祛除方法有所不同,因此病害调查中应明确土质(硅质)沉积和钙质沉积的区别:土质沉积较粗糙,镜下可见土壤颗粒及沙粒;而钙质沉积为白色或浅黄色,呈致密的层状或皮壳状,显微镜下可见其表面钟乳样细腻光泽。这些沉积物有些非常坚硬,例如钙质沉积物,有些较软但是会造成染色,例如氧化铁沉积,这些非人为的土壤伴随物,会影响陶瓷外观,通常会将之移除(图3-10)。

十一、擦痕

它不同于冲线,属于局部区块损伤情形,一般发生在器物表面极浅位置,瓷器通常发生在釉面表层。擦痕一般为短时间或瞬间造成的磨擦损伤,表面会出现一道或数道刮削痕。有些刮削痕并不是我们所熟知的线性状,通过显微镜了解,很多擦痕是勾状的。修复这些刮削痕方法很多,除了传统补色覆盖之外,还有其他解决方法(图3-11)。

十二、变形

此劣化问题是在制作过程产生的问题。在要求较高的窑口,例如官窑,进窑烧制时因高温变形

图3-13　胎裂

图3-14　侵蚀

的产品，通常会被打破丢弃。在民间窑口如变形问题不大仍会留下来使用，所以我们至今仍可见到变形古陶瓷流传。因为它本身的变形缺陷，其结构稳定性可能不够强，或者因器身变形歪斜出现重心不稳的问题，容易倾倒，这都是潜在的先天不良危险因素，所以会被列入劣化状况中，在文物研究、展示、收藏中需特别注意（图3-12）。

十三、胎裂

胎裂指陶瓷烧制过程中因收缩造成胎体表面或内部产生缩裂的现象。胎裂现象在风化影响后也可能造成进一步的劣化，使得结构脆弱，列为潜在的劣化因素（图3-13）。

十四、侵蚀

陶瓷器长时间受到环境中硫化物的影响，其内部的氧化钙、氧化镁、碳酸钙、碳酸镁、氧化钠等成分受到溶解，形成腐蚀和膨胀性腐蚀。在陶器上会造成表面与结构松软，呈现凹凸不平状，瓷器上则会造成釉面失去光泽，出现细孔，这种情形必须给予加固处理（图3-14）。

图3-15　釉裂纹土沁

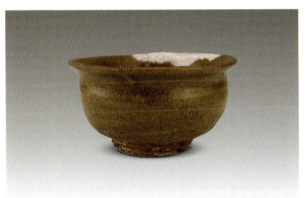

图3-16　修复痕迹

图3-17　脏污

图3-18　黄化

十五、釉裂纹土沁

指釉层在应力开裂后，裂隙中发生沉积污染的情况（图3-15）。

十六、修复痕迹

指曾对器物进行可见的，并对今后保存存在影响的各种修复处理。器物由于分析研究需要，曾经过简单的拼接以及补配，但粘接使用的快干胶会在器物表面残留形成棕黑色的膜，老化后影响器物的稳定性，而补配使用的石膏，则会对器物产生一定的应力（图3-16）。

十七、脏污和污渍

粉尘、脏污污染于陶瓷表面或渗透到陶瓷孔隙及断面内，改变其颜色与外观的现象（图3-17）。

十八、黄化

因长时间浸泡、地底埋藏，各种元素或其他有机物质渗透到陶瓷孔隙内，使陶瓷表面颜色偏黄，有些有机物也在陶瓷表面（釉上）沉积，形成一层包浆层，这个包浆层通常也是黄化的主要原因（图3-18）。

十九、变色、虹彩

陶瓷釉色与加彩因存放环境长时间温湿度变化，或者高温（火烧）所影响，以及酸碱腐蚀等原因，造成釉彩着色离子流失或剥落状况，使得釉彩"变色"，有时我们也可以称作"褪色"。另外在绿釉的瓷器表面也常见到劣化后（或表面成膜）因光折色产生的"虹彩"现象，也属于变色的一种

图3-19　虹彩

图3-20　铁锈

图 3-21　锔钉　　　　　　　图 3-22　标签　　　　　　　图 3-23　标记

情形（图 3-19）。

二十、铁锈

陶瓷表面因长时间与铁质物体碰触或地层中含铁量较高，造成氧化铁渗透到陶瓷孔隙中，所造成的红褐色锈斑（图 3-20）。

二十一、锔钉

锔瓷，即锔钉补瓷之意，使用具有延展性的金属（金、银、铜、铁、锡等），通过敲击、裁剪形成扁平的两脚钉（锔子），用于修补破损的陶瓷器。

陶瓷修复行业在明清时期的主流技术就是锔瓷，一直沿用到民国时期，也可以叫传统修复。这种修复只能恢复器物的功用，不但无法回复器物的原貌，而且会对胎釉造成更多损害，在现代瓷器修复中需将原有锔钉清除后进行修复（图 3-21）。

二十二、标签

在文物出土后，工作人员会现场使用标签为瓷器标注，其表面的胶渍因长时间渗透老化，会侵入陶瓷空隙中，形成标签痕（图 3-22）。

二十三、注记

传统的库房管理员对文物进行编目时，会使用粉笔或是油性马克笔、水性笔等对陶瓷做注记编号。这类标注以油性签字笔最难以处理，油性墨水会渗透于孔隙中（图 3-23）。

二十四、胶渍

黏着剂使用不当或胶带残留所造成，为古陶瓷常见的问题。表面残留黏着剂胶渍，影响陶瓷表面颜色（图3-24）。

二十五、空鼓·坑洞

主要产生原因为陶瓷制作时胎体本身含有空气，使得胎体内部或釉层内部含有较大气泡与空气残留，使陶瓷形成空鼓状况。这是一种潜在的问题，先天的缺陷可能进一步造成陶瓷表面因磕碰造成破洞（图3-25）。

二十六、窑渣

陶瓷在烧制过程中，窑口内灰渣掉落于陶瓷表面，形成窑渣黏块现象（图3-26）。

图3-24　胶渍

图3-25　坑洞

图3-26　窑渣

图3-27　缩釉

图 3-28　颜料

图 3-29　伤釉

二十七、釉裂·缩釉

因胎面有油污之类存在，导致釉未能全部附着，瓷器烧制过程中发生收缩，造成瓷器釉面缩裂而露胎，也称作"笑釉"。这是瓷器特有的现象，基本对整体结构影响不大，但在缩釉处容易造成污染物渗透或釉层剥离（图 3-27）。

二十八、油漆·颜料

油漆或颜料沾染到陶瓷器表面，或人为刻意的使用油漆涂刷陶瓷器（图 3-28）。

二十九、剥釉·伤釉

这是瓷器、釉陶专属的劣化情形，其产生原因为长时间被水浸泡、地层埋藏、盐分问题、磨损、温湿度变化、碰撞等原因，造成瓷器釉体与胎体分离，形成胎体显露的情况。

另外也指釉层因腐蚀或腐蚀与摩擦双重作用造成的损毁缺失。通常剥釉区周围的残存釉质保存状态也较差。冲击造成的釉层缺失（断口常呈贝壳状）不在此列（图 3-29）。

第二节　分析检测与设备

　　瓷器修复过程中，对器物的前期检测、分析尤其重要，它是修复的基础，更是编制合适修复方案的前提条件。除了肉眼可见的瓷器表面损害情况，还可以通过科学仪器的检测，了解断面损害情形、釉色质地、沉积物情况、污渍类别等肉眼不能分辨的劣化情况，对症下药，才能为下一步实际操作提供可靠的依据。

　　本项目分析检测主要使用了以下几种设备和方式，现将检测情况分列如下：

一、病害显微观察

　　病害显微观察是陶瓷文物细微观察的第一步。实体显微镜结构简单，由物镜、目镜、镜筒、载物台、照明灯几个主要功能所组成，属于实验室基本工具，放大倍数为 10 倍到 400 倍不等，可配备照相系统拍摄显微镜放大照片。使用立体显微镜可以了解文物表面与断面的细微损害情形，提供初步的劣化状况评估。

　　本项目所用显微镜型号为：Nikon ShuttlePixP-MFSC 显微镜（图 3-30）

　　以下为各种病害的显微观察结果：

图 3-30　Nikon ShuttlePixP-MFSC 显微镜

1. 裂痕（图 3-31）

2. 釉面划痕（图 3-32）

青釉表面裂痕（30×）

可见不同釉面均因外部应力而存在细小裂痕。

图 3-31 裂痕

青花表面划痕（80×）

可见各种釉面均可存在划伤，一次刮擦便可形成大量平行的划痕，或少数几条深而宽的损伤槽。

图 3-32 釉面划痕

3. 表面污染（图 3-33）

钙质沉积物 80×

钙质沉积物 20×

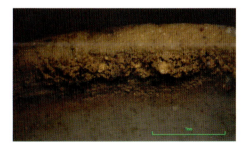

土质沉积物 20×

两类沉积物差别明显。钙质沉积物呈白色或浅黄色，致密皮壳状，可夹带土质颗粒，整体较细腻，可见钟乳光泽；土质（硅质）沉积物普遍颜色较深，质地粗糙，多见沙粒。

图 3-33 表面污染

4. 釉裂纹浸染（图3-34）

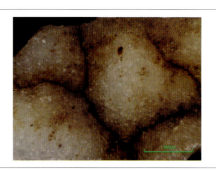

文物 Y1049 釉裂纹浸染（80×）

可见深色沉积物嵌入釉面裂纹中，使其呈现土黄色。

图 3-34　釉裂纹浸染

5. 不明胶状物（图3-35）

文物 Y1049（上）　Y1246（下）不明胶状物

在瓷瓶浮雕边缘处有不明胶状物沉积。

图 3-35　不明胶状物

6.气泡污染（图 3-36）

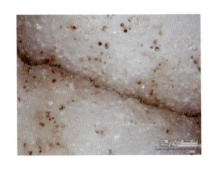

文物 Y1061 釉体气泡渗透污染

图 3-36　气泡污染

7.釉面腐蚀（图 3-37）

文物 Y1089 釉上彩腐蚀 140×

图 3-37　釉面腐蚀

8. 颜料附着（图 3-38）

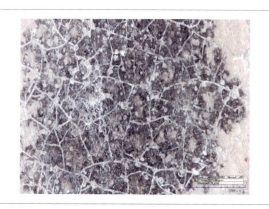

文物 Y1246 颜料附着

图 3-38　颜料附着

9. 变色、虹彩（图 3-39）

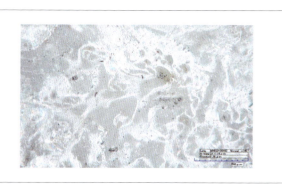

文物 Y1278 虹彩现象

图 3-39　变色、虹彩

10. 氧化铁附着（图 3-40）

文物 Y1671 表面被氧化铁附着

图 3-40　氧化铁附着

11. 空鼓、坑洞（图 3-41）

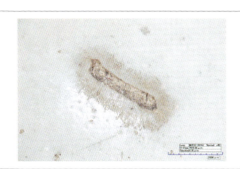

文物 Y1688 空鼓造成坑洞

图 3-41　空鼓、坑洞

二、紫外光检测

以紫外线观察文物表面荧光反应，其作用是利用不同材质对紫外线的荧光差异，依据荧光反应来预测成分。紫外光检测可应用于陶瓷黏着剂材料、表面有机物质或是补色颜料，虽然大部分的无机颜料没有荧光反应，但树脂合成颜料会有细微的荧光反应，我们针对几件瓷器进行了紫外线照射检测黏着剂及其他有机成分分布。

1. Y1287 测试（图 3-42）

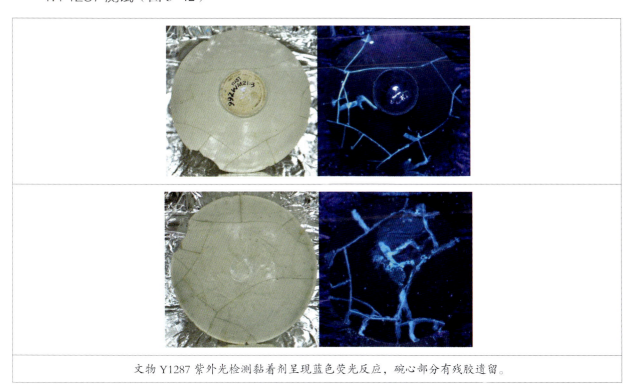

文物 Y1287 紫外光检测黏着剂呈现蓝色荧光反应，碗心部分有残胶遗留。

图 3-42　Y1287 测试

2.Y1207 测试（图 3-43）

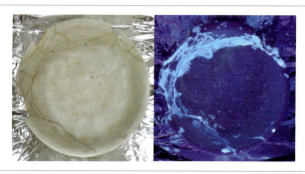

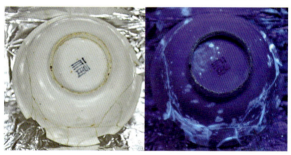

紫外光检测黏着剂呈现蓝色荧光反应，缝隙边缘与圈足部分残留大量胶体。

图 3-43　Y1207 测试

3.Y1223 测试（图 3-44）

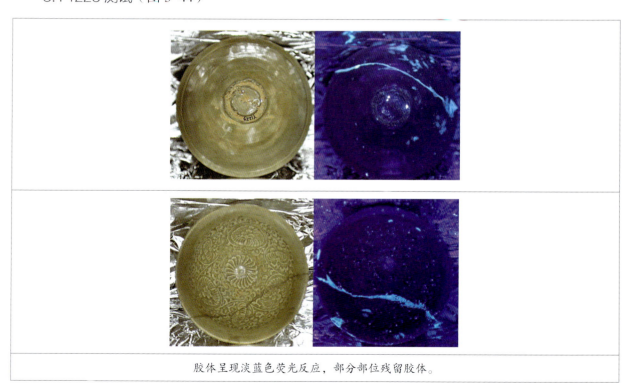

胶体呈现淡蓝色荧光反应，部分部位残留胶体。

图 3-44　Y1223 测试

4.Y1048、Y1651、Y1653 测试（图 3-45）

三件器物口部均有黄绿色荧光反应，右边花瓶器身有蓝色荧光反应。

图 3-45　Y1048、Y1651、Y1653 测试

5.Y1061 测试（图 3-46）

肩部呈现黄色荧光反应，断面呈现黄绿色荧光反应，推测曾经黏合过。

图 3-46　Y1061 测试

三、XRF 能谱分析

通过 XRF 能谱可对陶瓷表面进行无损分析，现今运用比较普遍。能量色散 X 荧光能谱以 X 射线照射到样品表面，能谱仪能测定各种元素的特征，以此法来作定性定量分析。其优点为处理简单、分析快速、元素测量范围广，与标准参考物进行比对，可对样品表面进行非破坏性分析、对釉层进行分析。

仪器型号：美国热电公司 Quanx 型能量色散荧光分析仪（图 3-47）

实验条件：准直器直径 8.8um；测定深度约几十微米。

图 3-47　美国热电公司 Quanx 型能量色散荧光分析仪

色釉成分分析（w/w%）

	Al	Si	K	Na	Ca	Mn	Fe	Cu	Pb	Co	Ag	Au
红釉	7.61	44.24	3.70	1.94	10.66			0.76				
青花	7.65	36.02	3.49	1.22	4.34	0.58	3.12			0.80		
釉裂纹浸染	9.45	34.70	4.80	2.88	1.05		0.86					
橙红釉	4.93	19.42	1.65	1.28	2.77		12.55		28.48			
橙红釉金边	4.69	11.10	1.66	1.77	1.60		3.09				3.75	35.81

胎质成分分析（w/w%）

	Al	Si	K	Na	Ca	Fe
青花釉胎	9.83	33.79	2.82	1.19	0.53	0.72
橙红釉胎	9.86	33.26	3.86	1.26	2.47	0.93

　　通过分析可知，青花中含有 Mn0.58%、Co0.80%，红釉中含有 Cu0.76%，橙红釉中含有 Pb28.48%，其金边中含有 Au35.81%、Ag3.75%。这些成分均对不同釉色起到一定作用。

　　由此分析结果可见，存在釉裂纹的器物，釉中 Na、K 含量相对较高，釉质的热膨胀系数也会显著升高，导致胎釉收缩严重不匹配，因此釉面密布细小开片。同时 Na、K 还会降低釉质的化学稳定性，使之容易被水所侵蚀，这可能是形成釉裂纹浸染的原因之一。

据现有资料分析，明、清时期的低温釉、彩主要属铅釉系统，部分器物所用熔剂 PbO 含量可达 50% 以上。本次检测的橙红釉兰草纹瓷碟，其中橙红色是由大量未熔融的 Fe_2O_3 颗粒分散于浅色的铅釉基质中而成。Pb 的存在也会破坏玻璃中的 Si–O 骨架，降低釉质的化学稳定性及表面硬度，使之更易于发生各种病害。

四、扫描电子显微镜（SEM）分析

扫描电子显微镜（SEM）是介于透射电镜和光学显微镜之间的一种微观性貌观察手段，可直接利用样品表面材料的物质性能进行微观成像。扫描电镜的优点是：1. 有较高的放大倍数，20~20 万倍之间连续可调；2. 有很大的景深，视野大，成像富有立体感，可直接观察各种试样凹凸不平表面的细微结构；3. 试样制备简单。目前的扫描电子显微镜都配有 X 射线能谱仪装置，这样可以同时进行显微组织性貌的观察和微区成分分析。

仪器型号：HITACHITM3030 扫描电镜能谱（图 3-48）

实验条件：

探测器类型硅飘移探测器（SDD）

能量分辨率 154 电子伏特（Cu–Kα）（相当于 135 电子伏特的 Mn–Kα）

探测元素范围 B5–Am95

定性分析自动识别和手动谱峰识别

定量分析无标样定量分析

图 3-48　HITACHITM3030 扫描电子显微镜能谱

使用扫描电子显微镜观察器物胎、釉，结果见下图。（图 3-49）

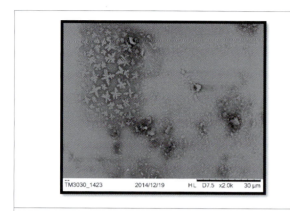
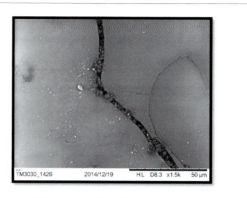

青花釉

可见青花釉表面存在富集的 KCl 雪花状结晶（左），而釉裂纹中存在明显的颗粒沉积（右），经分析后为碳酸钙。

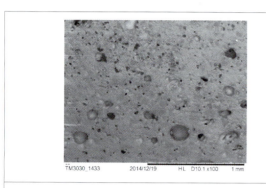
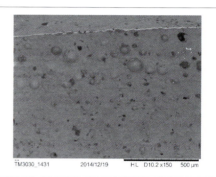

青花胎

可见所有类别的器物胎中均有不同程度的气泡，但胎体内部的烧结程度高，空隙率小，稳定性较好。

图 3-49　观察胎、釉结构

五、X 射线衍射（XRD）分析

XRD 是目前研究晶体结构最有力的方法，它特别适用于晶态物质的物相分析，通过样品的 X 射线衍射图与已知的晶态物质的 X 射线衍射谱图的对比分析便可以完成样品物相组成和结构的定性鉴定。

为确定瓷器表面各种沉积物的结晶态成分，选取典型样品，刮下后送 XRD 物相分析，谱图见下图（图 3-50），主要物相见下表：

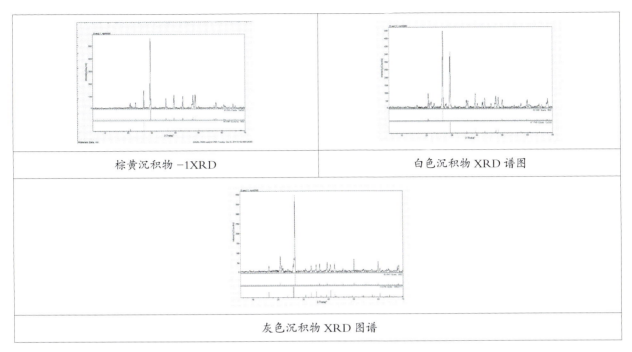

棕黄沉积物 −1XRD	白色沉积物 XRD 谱图
灰色沉积物 XRD 图谱	

图 3-50　器表沉积物 XRD 分析结果

瓷器表面沉积物 XRD 分析结果如下：

沉积物类型	主要物相	次要物相	少量物相	微量物相
	（多于70%）	（70%~20%）	（20%~5%）	（少于5%）
白色沉积物	方解石	--	石英	--
灰色沉积物	石英	方解石	--	--
棕黄沉积物	石英	--	莫来石	--

　　由此可见，除白色沉积物的主要成分为方解石外，灰色和棕黄色沉积物的主要成分均为石英及硅铝酸盐矿物。可能存在的胶结物为黏土矿物及碳酸钙。

第三节　修复材料测试

　　瓷器修复主要补配材料大致上可分类成石膏填补材料、石膏丙烯酸配方、环氧树脂复合填补材料、502胶、水分散型丙烯酸配方、溶剂型丙烯酸配方、双组份丙烯酸配方、水分散型聚醋酸乙烯酯配方等。

　　本项目研究测试这些材料性能，了解陶瓷文物修复材料的适宜性，经过材料热老化、抗折测试、硬度测试、膨胀收缩测试和光老化测试，选择适合的材料作为本项目修复参考依据。以下分别介绍这些测试情况（图3-51）：

一、热老化测试

　　使用烘箱对补配材料进行热老化加速测试，测试补配材料在加热过程中是否产生质变，从而选择温度控制范围。

二、抗折测试

　　使用万能试验机测量陶瓷与填补材料的抗折性，经由此测试可以得到填补材料与陶瓷折断所需的力量，了解陶瓷本身的抗折力与填补材料之间的关系。

三、硬度测试

　　检测陶瓷与填补材料的硬度，使用硬度计测量材料软硬程度的力学性能。透过硬度检测，了解陶瓷器的硬度，并依照修复风格，提供适当硬度的填补材料。硬度检测可以分为压入法与刻画法两种，透过硬度检测可以了解材料表面层抵抗变形或破裂的能力。

四、膨胀收缩测试

　　填补材料膨胀收缩可影响陶瓷修复后的结构变化，测试补配后的体积变化，将填料填在固定的模具里，一开始填满，等固化干燥后测量其体积的变化，即可得出膨胀收缩的数据。

五、光老化测试

　　填补材料吸收紫外光可加速其劣化反应过程，检验其黄化或颜色变化，并以色差仪检验颜色的变化，以此法检验陶瓷填补材料对光的敏感性。

图 3-51　修复材料测试

六、填补材料使用建议

经过瓷器补配材料的硬度、热老化、抗折性、光老化、膨胀收缩五种实验数据，归纳成表，提供给修复人员在陶瓷修复上作为参考依据。

类型	配方	硬度	光照控制建议	韧性与脆性	温度建议	收缩力
石膏材料	模型石膏	软	光照无影响	脆性	5-45度	无
	石膏丙烯酸配方	硬 +++++	光照无影响	脆性	5-45度	无

续表

类型	配方	硬度	光照控制建议	韧性与脆性	温度建议	收缩力
双组份环氧树脂配方	环氧树脂	适中	敏感材料	韧性	15—25 度	小
	环氧树脂＋碳酸钙 1:1	硬	敏感材料	韧性	15—25 度	小
	环氧树脂＋碳酸钙 1:2	硬＋＋	敏感材料	适中	15—25 度	小
	环氧树脂＋碳酸钙 1:3	硬＋＋＋	敏感材料	偏脆性	15—25 度	小
	环氧树脂＋滑石粉 1:1	适中	敏感材料	韧性	15—25 度	小
	环氧树脂＋滑石粉 1:2	硬	敏感材料	适中	15—25 度	小
	环氧树脂＋滑石粉 1:3	硬＋	敏感材料	偏脆性	15—25 度	小
	环氧树脂＋石英 1:1	硬＋＋	敏感材料	韧性	15—25 度	小
	环氧树脂＋石英 1:2	硬＋＋＋	敏感材料	适中	15—25 度	小
	环氧树脂＋石英 1:3	硬＋＋＋＋	敏感材料	偏脆性	15—25 度	小
502 胶配方	502 胶＋碳酸钙	硬＋＋＋＋	敏感材料	脆性	15—25 度	极大
水分散型丙烯酸配方	水分散型丙烯酸＋碳酸钙	适中	微敏感材料	韧性	15—30 度	极大
溶剂型丙烯酸配方	溶剂型丙烯酸＋碳酸钙	硬	微敏感材料	适中	15—30 度	极大
双组份丙烯酸配方	双组份丙烯酸＋碳酸钙	硬＋＋	微敏感材料	偏脆性	15—30 度	小
水分散型聚醋酸乙烯酯配方	水分散型聚醋酸乙烯酯＋碳酸钙	软	微敏感材料	偏韧性	15—25 度	极大

第四章
项目实施

通过前期研究、病害调查和相应的分析检测可知，这批瓷器文物多已出现严重破碎、断裂、缺损等各种病害，为了展示和收藏管理上的需求，此批瓷器急需进行保护修复。

第一节　文物修复工具与设备

瓷器修复工作程序繁杂、工艺多样，所使用的工具和设备也是各式各样。大部分工具可以简单的从市场买到，部分工具由于使用的特殊性，需要自己动手制作。在此以该项目所用工具为线索，简单介绍一些常用的工具和设备。"工欲善其事，必先利其器"，得心应手的工具和完善的设备是确保修复质量的重要条件。

一、刻磨机

刻磨机可以分为四种类型，分别为悬吊式刻磨机、主机刻磨机、气动刻磨机、笔型刻磨机四种（图4-1）。

1.悬吊式刻磨机：一般转速在500~30000vpm，脚踩控制，震动力较大，打磨力大，适合大范围打磨，长时间打磨。

2.主机刻磨机：一般转速在0~35000vpm，震动力小，打磨力度小于悬吊式，适合作为主要打磨工具，操作时间约30分钟。

3.气动刻磨机：一般转速在0~80000vpm（取决于气泵马力），震动力大，打磨力度大，可大范围打磨，适合长时间打磨，在文物精细处理效果上较不安全。

4.笔型刻磨机：一般转速在0~20000vpm，震动力小，打磨力度小，用于精细处理，适合短时间操作，电机容易烧坏，工作时间建议不超过15分钟。

国内品牌悬吊式刻磨机	韩国世新牌：主机式刻磨机	国内品牌气动刻磨机	台湾章鱼牌高精度笔型刻磨机

图4-1　刻磨机

二、各式磨头

刻磨机磨头以手持式笔型与含机组手持刻磨为佳。一般手持式笔型轻巧,适合操作细节雕刻部分;机组型耐用,适合处理范围较人较硬的材质。刻磨机主要使用直径为 2.75mm 与 3.0mm 磨头。有金刚石磨头、百叶轮磨头、陶瓷磨头、钨钢磨头、砂纸卷磨头这几类,适合陶瓷器修复操作（图 4-2）。

钨钢磨头	金刚石磨头	陶瓷磨头
百叶轮磨头	砂纸卷磨头	本项目使用磨头

图 4-2　各式磨头

三、玻璃纤维笔,铜丝笔,钢丝笔

这三种笔一开始作为清洁工具使用在机械钟表维修上,后来国外修复单位将钟表清洁笔用于金属器清洁,去除表面锈蚀物。这种工具在硬质瓷器上也可用来清除表面钙质沉积物,方便有效。其笔芯可替换。使用时建议戴手套,以免玻璃纤维颗粒渗透入皮肤,对人体有害（图 4-3）。

玻璃纤维笔	玻璃纤维刷
玻璃纤维刷头	各式刷具

图 4-3　玻璃纤维笔,铜丝笔,钢丝笔

四、遮蔽胶带

这是一个不起眼但是非常重要的工具。这种胶带具有修复时预防性维护的功效，在国外已使用很多年。在修复陶瓷文物时，会使用石膏、树脂类填补材料，使用遮蔽胶带可以防止填料或黏着剂污染文物表面，在操作完后马上撕开形成完美的填补，不伤陶瓷。如果表面有脆弱的釉层或陶衣，可以用酒精先溶解胶带上的树脂。此胶带属感压式胶带，以丙烯酸材质为主，其优点为色素不会渗透，黏着力适合陶瓷表面，容易撕开，在打磨时使用也不会伤害陶瓷表面，可以大大提高操作速度与效率（图4-4）。

| 3M 遮蔽胶带 | 遮蔽胶带填补前使用 |
| 模型曲面胶带 | 曲面胶带使用状况 |

图 4-4 遮蔽胶带

五、文物修复盘

器物类修复适合配置文物修复盘，意义在于约束修复师与他人，作用如下：

1. 文物修复时，它的结构可能相当脆弱，不适合移动，利用修复盘，可以整体安全持拿。

2. 文物修复时，可以确保文物只能在约束的方格中操作，底部垫有 EPE 发泡棉作为衬垫，减少器物滚落或倒坏的可能性。

3. 提醒他人这件文物处于修复过程中，只有修复师本人最清楚实际状况，其他人不得碰触。操作盘上可附上"文物修复中，请勿碰触"，以及修复师姓名、电话以示负责。

4. 操作时容易造成脏污粉尘等污染，此工作台可以提醒修复师随时整理，保持整齐与干净的环境，确保修复盘外的修复材料不受污染，确保干净的修复质量（图4-5）。

| 文物修复盘 | 搭配 EPE 发泡棉防震 |

图 4-5　文物修复盘

六、修坯刀

瓷器修复时用于修整的首要工具。在石膏未完全固化时，可用修坯刀快速的在转盘上进行刮削，使初坯成型。修坯刀分为木柄与铝柄两种，大范围器型与小细节处理时使用。

修坯刀款式多样，有三角形、圆形、长形，尖锥等等各种形制（图 4-6）。

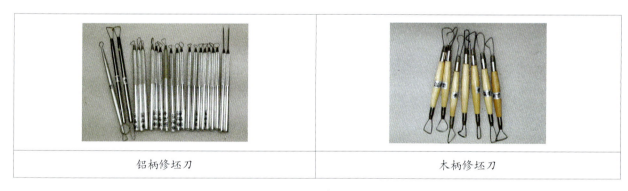

| 铝柄修坯刀 | 木柄修坯刀 |

图 4-6　修坯刀

七、砂纸

砂纸是补配、补色等工艺中不可缺少的工具。砂纸分不同型号，号数越小质地越粗，打磨起来迅速有效，号数越大，质地越细，可做细致打磨。砂纸一般分为水磨砂纸、干磨砂纸、布砂纸、金相砂纸、木砂纸几种，其中水磨砂纸与金相砂纸可以用水进行研磨，其他种类则遇水溶解，砂粒分离。砂纸有以下几种材质，分别为碳化硅、氧化铝，玻璃砂、石英砂、金钢砂、石榴石、棕刚玉、白刚玉、锆刚玉等。以上砂纸皆可运用在陶瓷修复填补料打磨中。水磨砂纸配合水打磨可让填料快速光亮平滑，干磨砂纸使用在对水敏感的器物上，但不同硬度的砂粒也会对陶瓷器表面釉体造成不同程度的损伤，各有其使用上的优点与缺点。

石榴石砂纸（木砂纸）以及玻璃砂砂纸对瓷器的釉面损伤最小，其硬度低于瓷器釉体，但打磨仍须注意避开釉体，仍有可能造成细微的损伤。其他种类的砂纸建议使用遮蔽胶带，降低损伤（图4-7）。

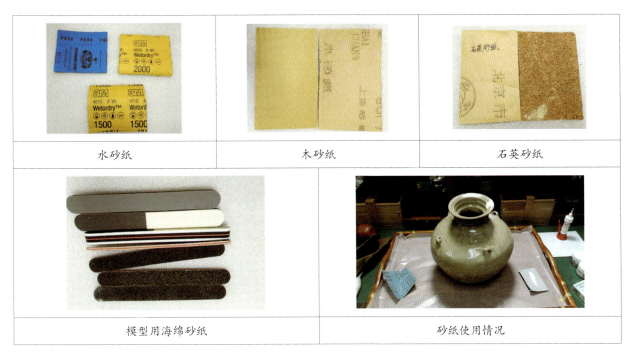

水砂纸	木砂纸	石英砂纸

模型用海绵砂纸	砂纸使用情况

图4-7　砂纸

八、锉刀

锉刀在填料修饰上可以达到很好效果，运用适当，可增进修复效率。锉刀分为木锉、什锦锉、异形锉、金刚石锉等等，主要运用在陶瓷、金属、木制品、皮革上。现代锉刀主要为碳钢制成。

锉刀按形状可分为平锉、方锉、半圆锉、圆锉、三角锉、菱形锉等等，依照器形角度可选择不同形状工具削切。锉刀按锉纹又分单纹锉和双纹锉两种，单纹锉适合软质削切，双纹锉处理硬材质。

锉刀与砂纸一样有号数的分别，为1~5号，以每厘米内条纹数为计算依据，1号为粗齿锉，2号为中齿锉，3号为细齿锉，4号和5号为油光锉（图4-8）。

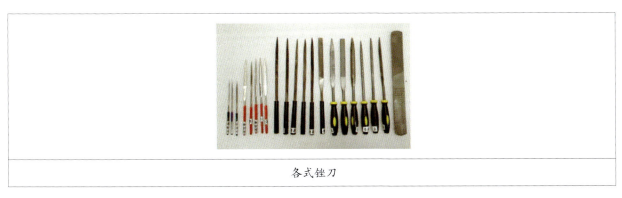

各式锉刀

图4-8　锉刀

九、雕塑工具

复原陶瓷常会使用油泥或蜡质等软质材料进行翻模，在翻模前可使用各式工具进行整形。此步骤花的时间越多，填补料成型后所需的雕刻打磨时间越短。油泥工具通常使用陶瓷修坯工具或各式不锈钢工具（图4-9）。

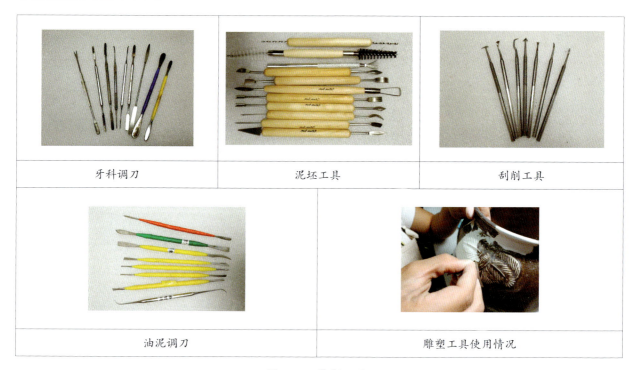

| 牙科调刀 | 泥坯工具 | 刮削工具 |
| 油泥调刀 | 雕塑工具使用情况 |

图4-9　雕塑工具

十、镊子

属于文物保护基础工具，也是各种陶瓷小碎片取样时必备工具。可分为不锈钢、竹镊子、塑料镊子、医用镊子等等，种类众多。一般文物保护使用不锈钢镊子，有尖头、弯头、扁头、平头等几种常用种类。也有配有放大镜的镊子，如下图所示德国修复师所用放大镜款镊子，以便提取时细看文物（图4-10）。

十一、刷具

文物保护基础工具之一，有棕刷、尼龙刷、铁刷、铜刷、鬃刷、羊毛刷等众多各种动物性、植物性、人工合成的刷具。根据陶瓷文物表面硬度与脏污质地的不同，选择不同的刷具清洁陶瓷文物。一般从最软的刷毛开始清洁，不在陶瓷表面留下刷痕。有些史前陶器，因为地层风化或烧成温度过低（软质陶器），就不宜使用硬度高的刷具，甚至连尼龙材质的牙刷都会造成刷痕，这时就需使用羊毛刷等软质刷毛来清洁（图4-11）。

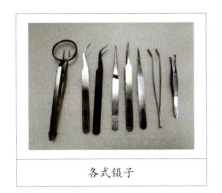

各式镊子

图 4-10　镊子

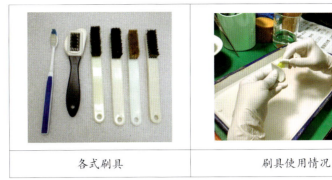

各式刷具	刷具使用情况

图 4-11　刷具

十二、夹具

修复师利用大力夹进行材料固化、黏着固定。在文物较为脆弱状况时，大力夹之间可增加衬垫以分散力量，它的形状适合用来固定有曲度的陶瓷文物（图 4-12）。

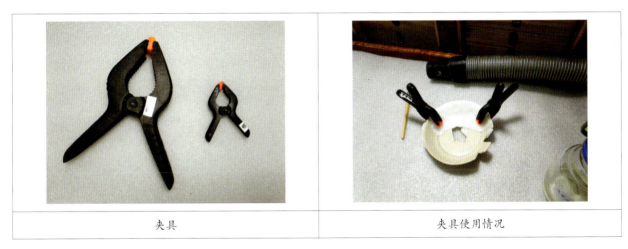

夹具	夹具使用情况

图 4-12　夹具

十三、防护装备

除了围裙、袖套、防护衣之外，防毒面具与防护镜的选择也相当重要。陶瓷修复容易产生大量粉尘与有机溶剂挥发气体，防毒面具可保护配戴者，避免吸入空气中污染物与有毒气体，也可保护眼睛与其他脆弱软组织。

一般实验室、修复室级别的防毒面具构造为过滤器与呼吸器，过滤器主要包含滤棉与滤毒罐，呼吸器包含阻水罩与呼吸阀门。防毒面具的滤毒罐通常为一个或两个。毒罐内部有滤纸、玻璃纤维、活性碳等材料。不同种类级别滤毒罐有不同的防护功能，以品牌 3M6000 系列防毒面具为例，通常修复室用到 6001 型（有机蒸气滤毒罐）便可，实验室使用时建议可用的 6006 型（综合性滤毒罐）防护等级高，价格也较高（图 4-13）。

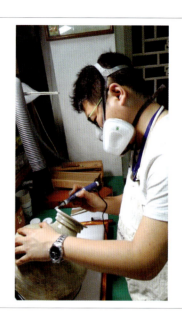

防毒面具使用情况

图 4-13　防护装备

十四、转盘·定规版

为将陶瓷口缘、圈足复原准确，可使用转盘配合定规版，将器物直接放置其上进行填补、雕塑。经过定规版准确测量器物的圆周、口径、足径，可以准确的复原填补，减少打磨雕塑的时间。定规版可以用塑封机膜塑封好，延长使用时间。定规版通常为考古器物测量用的一块板子，将其影印下来贴在转盘上使用，非常方便（图 4-14）。

定规版　　　　　　　　　　　　　　　　　转盘

图 4-14　转盘·定规版

十五、吸尘器

文物修复有时需要吸尘器来进行清洁。吸尘器建议使用能够达到 0.3~0.5 微米等级除尘螨用吸尘器，即高效过滤器（HEPA）。高效过滤器主要用于捕集 0.5um 以下的颗粒灰尘及各种悬浮物，作为各种过滤系统的末端过滤。采用超细玻璃纤维纸作滤料，胶板纸、铝箔板等材料折叠作分割板，新型聚氨酯密封胶密封，并以镀锌板、不锈钢板、铝合金型材为外框制成。

文物修复时常需要处理文物表面脏污以及霉菌，高效能过滤器可以滤掉 99% 以上的霉菌以及细微粉尘。陶瓷在打磨过程中也会产生大量的粉尘，使用集尘袋型的吸尘器便可以解决这个问题。通常使用打磨机时配合集尘袋式吸尘器便可以减少粉尘污染，粉尘对于人体的伤害是相当大的，微尘进入肺中便无法再排出，因此在瓷器修复过程中，工作人员也须配戴口罩（图 4-15）。

| 集尘袋式吸尘器 | HEPA 高效过滤网 |

图 4-15　吸尘器

十六、吹气瓶

考古现场使用的吹气瓶在文物修复上也常用到。最传统最简单的吹气瓶，通常可以在相机行买到，五金工具行也可以买到较大的吹气瓶。一些空气中的微尘会沉降在陶瓷器物表面，除了使用吸尘器吸尘外，可以搭配吹气瓶加强清洁力度（图 4-16）。

十七、洗瓶

洗瓶是文物保护常用的工具之一，尤其是在清洁的时候。在较脆弱的文物本体上，洗瓶可以提供相对较小的流水量、冲刷力，给予文物适当的清洁力度，配合牙刷等刷具，将文物表面慢慢的清洁干净。洗瓶一般可装酒精与水等液体，有塑料材质以及金属材质两种。实验室所用的塑料洗瓶为低密度聚乙烯，不易破碎，透明度高（图 4-17）。

| 吹气瓶 | 使用情况 |

图 4-16　吹气瓶

图 4-17　洗瓶

十八、棉花棒与收集罐

文物修复棉花棒均为修复师自己动手制作，依照清洁的需求卷出适合粗细、大小的棉花棒头。清洁过的棉花棒可以利用铝盖玻璃罐头制成的废弃玻璃罐回收，盖上打孔便可戳掉棉花，既经济又方便（图 4-18）。

| 棉花棒与收集罐 | 棉花棒与收集罐 | 棉花棒使用情况 |

图 4-18　棉花棒与收集罐

十九、手术刀

手术刀由刀柄和可装卸的刀片两部分组成。刀柄一般根据其长短及大小来分型，一把刀柄可以安装几种不同型号的刀片。刀柄一般与刀片分开存放和消毒。刀片种类较多，按其形态可分为圆刀、弯刀及三角刀等，常用的刀片型号为 10 号、11 号、15 号、20 号、21 号、23 号；按其大小可分大刀片、中刀片和小刀片。

装载刀片时，用持针器夹持刀片前端背部，使刀片的缺口对准刀柄前部的刀楞，稍用力向后拉动即可装上。使用后稍用力提取刀片尾端向前推即可卸下（图 4-19）。

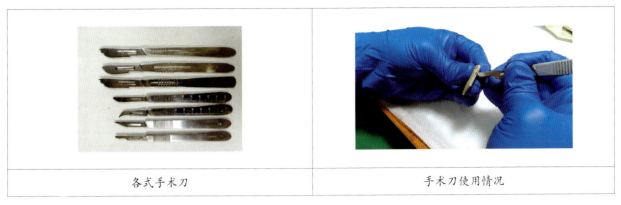

| 各式手术刀 | 手术刀使用情况 |

图 4-19　手术刀

二十、调刀

陶瓷修复填补过程中会使用补配刀。市售工具很少有专门为修复而设计的，所以通常使用美术工具 – 调刀。填补过程一般使用不锈钢调刀、塑料调刀以及骨质调刀，不锈钢调刀以搅拌用刀、油画刀、油泥刀居多，不同大小与类型适合不同角度与细节之填补。调刀建议使用有弹性刀刃的刀具，填补过程更为顺手。骨质调刀适合用在较硬的填补材料上（二次填补时使用），可解决不锈钢调刀在硬质填料上留下金属划痕以及金属色的问题（图 4-20）。

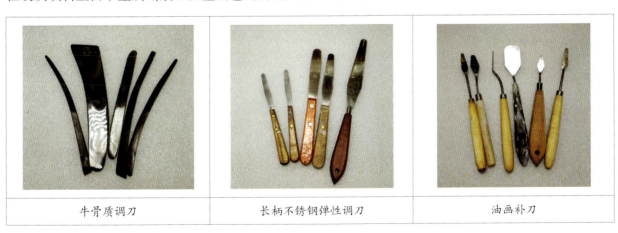

| 牛骨质调刀 | 长柄不锈钢弹性调刀 | 油画补刀 |

图 4-20　调刀

二十一、喷笔工具

喷笔（喷枪）是喷涂过程中的必备工具。

喷笔用于将涂料呈气雾状喷出、覆盖在器物表面。在使用中必须掌握正确的握笔姿势；使用后要清洗喷笔内外各处，妥善保管，以免内部残存涂料固化后堵塞喷嘴，影响下次使用。

喷嘴的口径是很重要的一个考核范围。喷口通常有 0.2~0.4mm 不同的直径，即使是 0.1mm 的差别，喷涂的效果也是完全不同的，特别在喷涂细节时，区别会非常明显。通常口径小的出料少，喷涂面积小，口径大的出料多，喷涂面积大。就陶瓷修复补色制作而言，0.3mm为标准，0.2mm适合细吹，0.4~0.5mm适合大面积（图4-21）。

二十二、酒精灯

酒精灯是以酒精为燃料的加热工具，广泛用于实验室、工厂、医疗、科研等。由于其燃烧过程中不会产生烟雾，因此也可以通过对器械的灼烧达到灭菌的目的。酒精灯燃烧过程中产生的热量，可以对其他实验材料加热，加热温度可达400℃~1000℃以上，且安全可靠。酒精灯分为挂式酒精喷灯、坐式酒精喷灯以及常规酒精灯，实验室一般以玻璃材质最多。其主要由灯体、棉灯绳（棉灯芯）、瓷灯芯、灯帽和酒精构成。

安全酒精灯，即不锈钢酒精灯，根据传统玻璃酒精灯的原理进行改良而来，通体采用优质的不锈钢材料制造，经久耐用。无灯芯，燃烧时不会产生尘埃，使用寿命长。传统酒精灯使用玻璃制造，缺点在于使用时容易产生炸裂，对操作人员和实验设备都有严重的安全隐患。为了克服传统酒精灯的弊端，减少事故的发生，使用全不锈钢材料制造而成的酒精灯，坚固耐用，使用起来安全、方便。灯芯可以使用长达1年之久，在修复上我们常用酒精灯来加热材料或者工具进行修复工作（图4-22）。

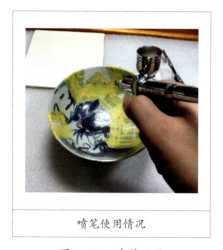

喷笔使用情况

图 4-21　喷笔工具

一般酒精灯　　　　　安全酒精灯

图 4-22　酒精灯

二十三、热风枪·吹风机

陶瓷修复上一些材料需要加热，除了使用热水、火焰，最常使用到的就是热风枪。一般修复室都会配备吹风机，其规格主要按电功率划分，常用的有250瓦、350瓦、450瓦、550瓦、850瓦、1000瓦，1200瓦等。有些文物修复材料要求加热温度必须准确，我们会使用定温型热风枪，它的构造与一般吹风机大致相同，但多了控温设计。此次修复配备博世牌（BOSCH）GHG630DCE热风枪，其加热温度范围在50~630摄氏度，适合瓷器修复，方便准确（图4-23）。

二十四、照明设备

文物修复对照明的要求很高。一般修复室或实验室所设的日光灯管照明约在400lux，文物修复操作时建议照明亮度可以达到手术台等级，大约在2000lux，色温则建议在3300K-5300K中间色调。我们现在常使用LED白灯来弥补光线不足问题，使用白灯文物在进行补色时可确保不会跑色。灯具种类繁多，有桌上式、落地灯、悬吊灯等等，只要亮度足够，可以确保修复时的准确性（图4-24）。

热风枪使用情况

图 4-23　热风枪·吹风机

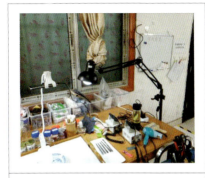

落地灯具　　　　　　　LED 光板灯具

图 4-24　照明设备

二十五、头戴式放大镜

文物修复有时需要做细节处理，我们利用放大镜台灯或者是头戴式放大镜进行修复工作，一般放大倍率在2倍-10倍左右，由多个镜片组成，有些头戴式放大镜会附上灯具，增加照明（图4-25）。

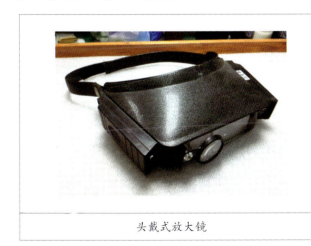

头戴式放大镜　　　　　　放大镜使用情形

图 4-25　头戴式放大镜

二十六、血清瓶

又称为丁基锂瓶，采用标准的硼硅酸盐3.3玻璃制成的防爆试剂瓶，透明无色或透明棕色。热膨胀系数低（20度-300度），可抵抗化学侵蚀，具有极高耐水、耐酸、耐强碱、耐盐溶液、有机物和卤素的特性。耐高温（可受 140 度蒸汽的高压加热消毒），抗热冲击性高（急变温度 280 度），抗压（-1 — 15BAR），壁厚均匀，最薄部分不少于 2.2mm。

使用实验室所用的血清瓶作为文物修复溶剂与黏着剂的装填器。血清瓶最特殊的地方在于瓶口的设计，多了一圈塑料口，可以防止溶剂挥发，降低材料变质、干化的可能性，在国内外修复机构已大量地使用（图 4-26）。

二十七、玻璃缸

有时文物需要以浸泡的方式进行拆解与加固，我们选择玻璃缸来进行。玻璃本身耐酸碱，可以加温，是非常方便的容器。玻璃容器加装盖子，使用有挥发性的材料时可以在盖子口部涂上一层凡士林油，可以起到密封的效果，同时需要在排风柜或通风地方使用。玻璃缸贴上标签，包含用途、内容物、日期、操作时间、操作人员、联络电话等信息（图 4-27）。

防蒸发设计	血清瓶使用情况

图 4-26　血清瓶

玻璃缸使用情况

图 4-27　玻璃缸

二十八、气泵

即"空气泵"也叫"空气压缩机"，是喷涂工艺中必不可少的机械设备，从一个封闭空间排除空气或从封闭空间添加空气的一种装置。修复用气泵主要为电动气泵，配合喷笔或气动凿刀、气动打磨机使用。

喷笔用气泵为小型气泵或微型气泵，一般小型气泵工作气压在 57PSI-43PSI，微型气泵工作气压在 25PSI-15PSI，差别在于小型气泵可以大范围操作，使用在大型文物上着色，微型气泵适合在小型文物上操作，携带方便（图 4-28）。

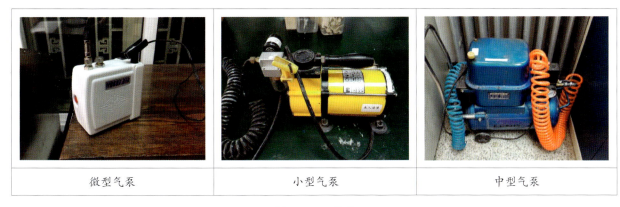

| 微型气泵 | 小型气泵 | 中型气泵 |

图 4-28　气泵

二十九、EPE 发泡棉

EPE（ExpandablePolyethylene）发泡棉，又称为聚乙烯发泡棉，是可发性聚乙烯，又称珍珠棉，它是以低密度聚乙烯（LDPE）为主要原料挤压生成的高泡沫聚乙烯制品。

EPE 是目前世界上比较先进的保护性内包装材料，具有较高的弹性，外观洁白。由于是完全独立气泡体，轻便，灵活，并能弯曲，以吸收撞击力起到分散缓冲的效果，克服了普通发泡胶易碎，变形和难于恢复的缺点。EPE 也是一种环保材料，可以回收。EPE 有保温、隔水防潮、防震、隔热、隔音、防摩擦、抗老化、耐腐蚀、可塑性能佳、韧性强、循环再造、抗撞力强等诸多优点。也具有很好的抗化学性能，现在是文物保护主流的包装材料、缓冲垫的理想替代品（图 4-29）。

EPE 发泡棉

图 4-29　EPE 发泡棉

三十、工作服

一般工作服可分为三种，实验室白色实验袍、连身工作服，一级修复室最常用的牛津布或帆布制工作围裙，依照工作条件不同选择不一样的服装来保护修复人员。

一般在实验室操作调配药剂时建议穿着实验服，实验服布料较厚，色白，可以清楚知道衣服是否被污染，并有效的阻绝酸碱液的侵蚀。

在户外考古工地、石窟、建筑等修缮保护作业时建议穿着连身工作服，连身工作服可以大大的降低服装被拉扯或是勾住的危险性，从头到脚的保护修复人员。

在修复室修复文物时一般来说环境比较安全，可以选择工作围裙，增加操作的灵活性，美术围裙设计的口袋，方便修复师放置工具（图4-30）。

| 实验袍 | 连身工作服 | 修复室工作围裙 |

图 4-30　工作服

三十一、抽气设备

陶瓷修复工作展开时，会使用大量的有机溶剂进行清洁工作，在进行补色阶段也会用到喷笔工具以及挥发性有机颜料，打磨工作更有大量的有害粉尘产生，所以修复室应建立良好的通风设备或是抽风设备。一般最简易的是使用窗型抽风扇，将室内气体排出，喷色时可使用小型抽风柜或试验室抽风柜进行排风，建立良好的工作环境，保护好修复专业人员的健康（图4-31）。

| 排风柜 | 小型抽风柜 |

图 4-31　抽气设备

第二节 文物修复步骤与材料

一、拆解

曾经修复过的馆藏陶瓷或考古出土陶瓷，常常因黏着剂老化，温湿度变化影响，地震、器身压力、人为因素等影响，再度出现结构性损害，如破裂、开裂、变色等问题。必须再次拆解，使用新的黏着剂来重新粘接。根据对象的大小和黏着剂的特性，这个过程可以花费数小时甚至数天，拆解依照黏着剂的不同分为几种拆解模式，以下分别叙述（图4-32）。

1. 有机溶剂拆解法

使用有机溶剂拆解陶瓷器，如B-72、硝酸纤维素等材质。在修复前准备两罐贴有"干净"与"肮脏"标签的丙酮罐，刷子数把，棉花、擦手纸、灯具、一罐蒸馏水、30%B-72乙醇比丙酮（3∶1）溶液。纯丙酮溶液操作快，脱水快，移除树脂时不会让树脂渗透到器物孔隙里，乙醇比丙酮（3∶1）是溶解B-72方法之一，丙酮作用在于溶解，酒精作用在于减缓其挥发速度，使工作时间更为充裕。

2. 熏蒸拆解法

将断面的胶体溶解，最安全缓和的方式为熏蒸法。将器物放入不透气的容器中，如聚丙烯的保鲜盒，在其中放入装有丙酮的血清瓶，并在器物上附上棉花（沾有丙酮），盖上盒子，等待熏蒸溶解。通常一至两天，器物断面间黏着剂便会软化分开，此种方式适合较小型陶瓷器处理。

3. 浸泡拆解法

将稳定的陶瓷器以溶剂浸泡方式进行溶解，如酒精与丙酮。此法必须在通风良好的环境或排气柜下操作，以免长时间吸入挥发性气体。此种方法可以快速地溶解断面中的黏着剂，减少黏着剂渗透的可能性。不过浸泡的文物必须是坚固的，材质酥松、风化影响、表面加彩的陶瓷器，不适合使用此工序进行拆解。

4. 浸泡加热拆解法

具有热塑性材质黏着剂可以使用浸泡加热方式溶解，结构状况良好瓷器多以此方式软化断面上的黏着剂。使用加热器加热，将瓷器浸泡于热水中，帮助拆解。

5. 热风拆解法

使用吹风机或热风枪直接在陶瓷器表面加热，利用陶瓷能快速吸热原理将黏着剂软化，进而达到脱落拆解。

| 有机溶剂拆解法 | 熏蒸拆解法 | 浸泡拆解法 |

| 浸泡加热拆解法 | 热风拆解法 |

图 4-32　拆解

二、清洁

清洁为陶瓷器修复基础工作，主要用于移除陶瓷器表面脏污、可溶性盐类、不可溶性盐类、贝类、藻类、青苔、霉菌、油垢、黏着剂、漆、人为注记、有机物残留等等影响陶瓷视觉观感的表面物。

瓷器表面脏污来源主要有两个方面：自然因素、人为因素。由于长期埋藏在地下，受到泥土中的酸、碱、盐等各种有害物质侵蚀，特别是在潮湿的环境中，出土瓷器表层腐蚀更为严重，这些物质不仅粘附在瓷器表面，严重的还会渗入到胎、釉的裂缝、空隙里面，或是沉积在疏松的结构中，可能会对釉、彩造成破坏。部分瓷器残片会被人为不正确的粘接补全，清洁掉这些残留的介入材料也很重要。不正确的粘接补全会导致后续的修复无法进行，影响到整个器型的美观。

断面的净化程度在修复过程中起着至关重要的作用。不管是自然还是人为因素出现在断面上的物质，都会影响黏合、补配材料的吸收，给修复造成一定困难。通过清洁过程才可以了解陶瓷表面或断面各种痕迹、纹饰、彩绘、制作工艺等状况。

清洁可以分为机械式清洁与化学式清洁。

1. 机械式清洁

一般使用竹签、手术刀、针锥、棉花棒、毛刷、吸尘器、吹气瓶、超声波清洗机、氧化铝喷砂机等清洁陶瓷器。清洁顺序强度由小至大加强，以免力度控制不当。清洁过程可以利用刮、挑、滚、吹、吸、刷几种方法处理，特别需要注意不得伤害器物本体。

一般来说，出土器物都要先采用这个方法进行初步的清洁处理，然后才使用其他方法做进一步的清洁。特别是对于那些不宜采用水洗、化学药剂浸泡方法进行处理的器物，更要认真仔细的用机械法清洁。

陶瓷表面因地层埋藏原因造成钙质沉积附着于表面，可用手术刀刮除表面凝结物，渗入胎体空隙无法清洁时可用3%柠檬酸水溶液沾取棉花贴附其上或以浸泡方式软化凝结物（图4-33）。

| 手术刀清洁 | 棉花棒清洁 | 毛刷清洁 |

| 牙刷清洁 | 清洁前后对比 |

图4-33 机械式清洁

2.化学清洁

化学清洁主要针对不可溶性盐类，即碳酸盐、硫化盐、硅酸盐类等，可先用机械式方式清除表面大部分盐类，清除完成后表面残留盐类使用化学方式移除。

碳酸盐类（石灰质）：

清洁药品	浓度	方式
柠檬酸	5%～10%	纤维素贴敷、棉花棒擦拭
盐酸	10 %	纤维素贴敷、棉花棒擦拭
硝酸	5%	纤维素贴敷、棉花棒擦拭

续表

清洁药品	浓度	方式
醋酸	5%	纤维素贴敷、棉花棒擦拭
EDTA（乙二胺四乙酸盐）	10%	纤维素贴敷、棉花棒擦拭

硫酸盐类（石膏质）：

清洁药品	浓度	方式
硫酸铵（NH_4）$2SO_4$	5%	纤维素贴敷、棉花棒擦拭
氢氟酸	3%	纤维素贴敷、棉花棒擦拭、滴定
硝酸	5%	纤维素贴敷、棉花棒擦拭

硅酸盐类（硅质）：可用氢氟酸清洁，黑色硬块可用过氧化氢清洁。

染色脏污类：可以使用过碳酸钠清洁。过碳酸钠（化学式：$2Na_2CO_3 \cdot 3H_2O_2$ 或 Na_2CO_4），又称过氧碳酸钠，俗称固体双氧水，是一种无机盐，呈白色颗粒状粉末，其水溶液呈碱性，可以分解为碳酸钠和过氧化氢。过碳酸钠外观为白色结晶或结晶性粉末，遇潮可释出，属强氧化剂。过碳酸钠是过氧化氢与碳酸钠的加成化合物，主要用作漂白剂和氧化剂，以及化工、造纸、纺织、食品、医药、卫生等部门的去污剂、清洗剂、杀菌剂，在瓷器修复上过碳酸钠可以取得很好的清洁效果，清洁好的瓷器洁白干净。

次氯酸钠清洁：次氯酸钠，是钠的次氯酸盐。次氯酸钠与二氧化碳反应产生的次氯酸是漂白剂的有效成分，次氯酸钠主要用于漂白、工业废水处理、造纸、纺织、制药、精细化工、卫生消毒等众多领域。次氯酸钠在陶瓷清洁上能起一定的功效，高浓度使用时建议使用玻璃缸浸泡，能清洁大部分有机物体（图4-34）。

| 过碳酸钠清洁 | 次氯酸钠清洁 | 六偏磷酸钠清洁 |

图4-34　化学清洁

3.黏着剂、漆、人为注记清洁

黏着剂、漆、人为注记等此类状况通常使用有机溶剂去除，使用毛笔或棉花棒沾取有机溶剂，擦拭器物表面。常用有机溶剂为酒精、丙酮、甲苯、石油醚、乙醚等。遇到较难以溶解物质，可以用敷料法进行贴附，延长溶剂挥发时间，达到去污效果。3A 溶剂就是以水、酒精、丙酮 1：1：1 比例调和的清除溶剂，结合各溶剂的特点，延长清洁挥发时间，并达到清洁效果。另外也有些注记会渗透到陶瓷内部，可以使用凝胶清洁法搭配溶剂进行清洁（图 4-35）。

凝胶法清洁

图 4-35　黏着剂、漆、人为注记清洁

4.锈蚀物清洁

出土或出水陶瓷器因埋藏环境含有大量的铁质元素或铁器，大量的氧化铁和其他有色物质会渗透到陶瓷内部，使表面有氧化铁锈的色泽。遇到此种状况可以 1%~3% 高锰酸钾或草酸进行擦试或浸泡除锈工作，或用 10% 柠檬酸水溶液进行浸泡除锈（图 4-36）。

| 柠檬酸清洁 | 柠檬酸清洁反应 |

图 4-36　锈蚀物清洁

5.注意事项

（1）无论何种清洁方法，都应以不伤害文物为基本原则。在条件允许的情况下，可以先在其它不重要的器物或部位上进行试验，验证效果之后再在修复器物上施行。

（2）瓷器性质比较稳定，以上两种清洁方法大部分器物均适用。但需注意器物表面的釉上纹饰，可能因年久容易剥落，或因化学药剂敏感易腐蚀[1]。

（3）对于瓷器的清洁程度，需视情况而定，并非是清洁的越干净、越彻底越好。从研究角度上来看，凡是粘附在器表的历史痕迹，如丝织品、各类锈蚀印痕等，对于研究出土环境、出土伴生器物等是非常有价值的。在不影响陈列和器物长时间保管的基础上，应尽量保留能反映年代特征和历史风俗的各类痕迹，或者在不重要的部位或是较隐蔽部位适当保留，不能完全清洁干净。

三、黏合

黏合即粘接，对瓷器断裂、破碎的部位，用黏着剂粘接在一起。

在黏合之前，需进行一项重要准备工作——拼对。相比陶器，瓷器破损情况一般不会特别复杂。在拼对过程中，我们可以直观的了解破损的各部位、破损情况和程度，为下一步的黏合奠定基础。如果拼对有误，黏合中就有可能出现错口、移位、断面茬口损坏等问题，更严重的可能对器物造成二次破坏。

拼对完成，下一步就是选择黏着剂。黏着剂是指具有良好的黏合能力，可以把两个相同或者不同的固体材料连接在一起的物质。人们使用黏着剂有着非常悠久的历史，并随着人类文明的发展而发展。古代人们多使用天然的黏着剂，包括植物淀粉、天然树胶以及动物性骨胶、皮胶和鱼胶等。但是这类天然黏着剂有很多缺点，比如易变质、易发黄，黏着强度弱等，不适合使用在陶瓷器的黏合中。

现今陶瓷黏着剂种类相当多，多以合成高分子聚合物为使用材料。合成树脂是由许多单体通过聚合或缩和后的反应，结构上具有同样链结重复出现的分子，平均分子量可以达到一万以上，称之为高分子聚合物，此次项目使用ParaloidB-72、环氧树脂以及氰基丙烯酸乙酯进行测试黏合。

1.ParaloidB-72

现今陶瓷修复接合黏着剂多以ParaloidB-72丙酮溶液为主，1931~1936年Rohm&Haas公司于美国生产，一开始为金属与家具涂料，1950年开始在美国用于金属物涂层修复用。在北美名为AcryloidB-72高分子聚合物，化学组成为66%甲基丙烯酸乙酯与34%丙烯酸甲酯，1970年后期开始流行使用于修复领域，其特性为透明、稳定、耐久。

在陶瓷黏着时，可将B-72分为两种浓度，以丙酮作为溶剂，依重量百分比调配，其一为10%

1　毛晓沪：《古陶瓷修复》，文物出版社，2021年。

另一为 40%。黏合时先使用小笔刷将 10%B-72 涂刷在断面上，再使用 40%B-72 刷断面，两边的断面皆要涂刷。其主要的目的在于 10% 黏着剂可以渗入器物内部，使黏着剂抓牢瓷器断面，再以 40% 的黏着剂来抓住 10% 黏着剂，这样的方法可以增强瓷器黏合的强度。如黏合后有些地方不牢靠，可使用针筒注射的方式来加固。操作 B-72 丙酮溶液时要注意操作环境，因为丙酮的比热较大，涂刷时挥发快速，温度较低，会吸收周围水气，造成 B-72 白雾化。如遇此状况可以改以甲苯作为溶液，其挥发速度较慢，不易吸收水气，但操作时须注意环境空气流通（图 4-37）。

2. 环氧树脂 HxtalNYL-1

现今国内博物馆陶瓷修复黏着剂多以环氧树脂为主，有 A、B 两剂，本项目选择使用 HxtalNYL-1 环氧树脂，具有高稳定性，在光线曝露环境下不容易软化，透明无色，无毒，具有防水、防酸、防碱、防低温、耐久性等特点。调和比例 1∶3，固化时间 24-30 小时，黏着力强，流动性高，对于重量重、体积大的陶瓷器黏合强度与抗拉性相较 B-72 优良，但难以移除（图 4-38）。

Pareloid B72（亚克力树脂）

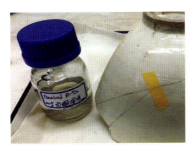

调和后的 B72 黏着剂

Hxtal NYL-1 环氧树脂

图 4-37　ParaloidB-72　　　　　　　　　　　图 4-38　环氧树脂 HxtalNYL-1

3. 氰基丙烯酸乙酯

氰基丙烯酸乙酯（ECA），又称为 2- 氰基 -2- 丙烯酸乙酯。它是一种无色液体，黏度低，可溶于丙酮、丁酮、硝基甲烷和二氯甲烷。在潮湿的环境下氰基丙烯酸乙酯会发生聚合反应。

氰基丙烯酸酯胶粘剂是一类室温快固型单组分胶粘剂，固化极快，因此又称瞬干胶、瞬间胶、瞬干强力胶、特快超能胶、超级胶粘剂等，也有叫做 A 胶。由于它的用量少以滴计，固化快以秒计，强力大以吨计，所以发展非常迅速，用途相当广泛，其典型代表 502 胶几乎是家喻户晓，工业领域和日常生活无处不在使用。随着科学技术的进步，氰基丙烯酸酯胶粘剂性能不断改进，相继出现了耐热、耐冲击、粘接聚烯烃、粘接木材、粘接橡胶、油面粘接，刺激味小，阻燃，导电等很多新品种，适应各种新需求。

固体氰基丙烯酸酯胶粘剂，以固体形式涂在被粘表面，经加热稍高于室温液化后聚合固化。氰基丙烯酸酯胶粘剂对各种被粘物的粘接性能不同，本项目使用瑞士产 ERGO0920 黏着剂，具有可再处理性，使用酒精可以溶解拆解（图4-39）。

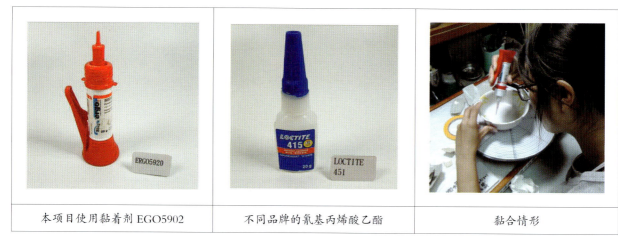

| 本项目使用黏着剂 EGO5902 | 不同品牌的氰基丙烯酸乙酯 | 黏合情形 |

图 4-39　氰基丙烯酸乙酯

4.注意事项

（1）黏合之前，必须保证断面清洁干净，否则会影响黏合效果。

（2）黏着剂并不是越多越好、越厚越好，薄而均匀的黏着剂才能保证黏合效果。对于溢出接缝之外的黏着剂，必须在第一时间清理干净，以免对器物造成新的污染。

四、暂时性固定

陶瓷在黏合后有一段时间的固化期，这段时间须对修复器物加以固定，一般使用胶带固定法。在黏着剂使用后首先会使用弱黏性与无色素胶带固定。弱黏性胶带用意在于修复完成后揭取胶带时较不容易将陶瓷表面破坏；修复胶带属于感压无色素胶带式胶带，主要是为了揭取胶带时，使用溶剂软化胶带表面，以免色素渗透到陶瓷内部。溶剂使用酒精、丙酮即可，溶解过的胶带可轻易揭取。

胶带都具一定的弹力，粘贴的时候要拉紧后方可黏住，以免造成陶瓷断面错动。粘贴固定的胶带不可滞留于陶瓷上过久，以免胶带内部的亚克力树脂慢慢地渗透至陶瓷空隙内，造成难以清除的问题（图4-40）。

五、隔离

瓷器填补工序之前必须先对表面做好保护工作，任何的填补材料都会对陶瓷断面造成污染。陶瓷断面在显微镜观察下可以看到许多的孔隙，填补材料会渗透到孔隙里造成材料污染，例如树脂材料渗透、石膏污染、蜡渗透等，降低其可逆性。在依照修复理念原则下，填补必须具有可逆性，在修复前，"隔离"便成为陶瓷填补的一个重要保护方法。

隔离可以使用的材料很多，如保鲜膜、隔离油、胶带等等，使用纸胶带为目前最方便快速的方式。使用低黏性纸胶带贴附于靠近陶瓷断面之表面，可以预防陶瓷填补时，填补材料污染表面，填补雕塑完毕后，将胶带撕起便完成（图4-41）。

图 4-40　暂时性固定　　　　　　　　　　　　　　图 4-41　隔离

六、补配

破损瓷器中，很多的情况是缺损的部位不复存在，不能仅通过黏合进行修复，还需要进行补配。

（一）补配材料

在瓷器修复中，补配材料需要达到以下基础要求：第一，较好的可塑性，在常温下可方便有效的进行雕塑或灌注；第二，经过一段时间或特殊处理后，能完全固化且不变形；第三，可逆性，补配材料易于拆除，拆除时不破坏文物本体；第四，可兼容性，补配材料与文物本体材料可兼容，长时间共存不会损害文物本体材料。

可使用的补配材料有很多种，大致可分为单一材料和复合材料。常用的补配材料主要有以下几种。

1.石膏

石膏属单一材料，种类繁多，主要成分为硫酸钙，由天然石膏经锻烧脱水制成，称之熟石膏，粉状。石膏可分为牙科石膏、建筑石膏、模具石膏等不同类型，其中以牙科石膏与模具石膏为陶瓷修复主要填补材料。牙科石膏特点在于生产过程会加入丙烯酸树酯，固化后分子量小、收缩率小、不易膨胀、强度大、硬度高、吸水率较低。石膏可以填补在所有陶瓷上，非常容易操作，但在光滑瓷器断面上不具有黏着效果，修复后容易与瓷器分离。石膏材料不具有透明性。

此次修复使用石膏进行填补，主要选择台湾生产的资生堂石膏作为填补材料进行测试和用于修复。此款石膏质量非常优良，调和时细腻度高，不易产生气泡，硬化后非常坚硬，硬度大于环氧树脂配方（图4-42）。

资生堂超硬石膏

图 4-42　石膏

许多修复人员会使用石膏搭配矿物颜料进行调色，但须注意矿物颜料不能超过石膏 1/3 量，倘若超过，石膏的特性就会改变，造成结构松散。在调配石膏时可以加入促凝剂或缓凝剂来增加或减缓石膏硬化速度，下表介绍促凝剂与缓凝剂调配量。

石膏促凝剂与缓凝剂（修改自刘文彬《石膏浆料凝结速度与添加剂》）。

类别	添加剂	加入量 %
促凝剂	硫酸盐 四水酒石酸钾钠 硫酸钾 硫酸钠	0.6-0.8 0.1-0.2 0.2-0.3 0.8-2.0
缓凝剂	酒精 柠檬酸 硼酸盐 醋酸盐	6-8 0.01-0.1 0.2 0.2

2. 环氧树脂（Epoxyresins）混和材质

环氧树脂（Epoxy），又称作人工树脂、人造树脂、树脂胶等，广泛用于胶粘剂，涂料等用途，为热固性环氧化物聚合物。大多数人造树脂由氯环氧丙烷（epichlorohydrin，$C_3H_5C_{10}$）和双酚 A（酚甲烷，bisphenol-A，$C_{15}H_{16}O_2$）产生化学反应而成。环氧树脂分为快干型与慢干型两种，依市面需求具有许多颜色种类。陶瓷修复需选择透明度高、耐光性佳、低黏性的环氧树脂。环氧树脂适合搭配其他矿物填料例如碳酸钙、二氧化硅、滑石等。操作时可以在环氧树脂内加入邻苯二甲酸二丁酯15%与丙酮85%调和成增塑剂，增加环氧树脂可塑性。不同比例的树脂与矿物填料所调和出的材料在硬度、光泽度、敲击声、触感都会有所不同。环氧树脂填补材料对于陶瓷断面具有强力的黏着效果，因为孔隙的关系硬陶就比瓷器容易被树脂渗透黏着，在修复时应注意隔离工作。在移除时，环氧树脂可以使用二氯甲烷软化，通常可以使用含有二氯甲烷的脱胶剂清除。

以下为环氧树脂作为胶合剂，在二十年来国内外陶瓷修复报告上曾经使用的配方：

① 环氧树脂、二氧化钛（钛白粉），调合成填补材，修补瓷器用。

② 环氧树脂搭配高岭土（瓷粉）作瓷器填补，使用于瓷器填补，比例 1 : 1.5。

③ 环氧树脂混和滑石粉填补，使用于陶瓷器填补。

一般来说使用环氧树脂作为填补材料，修复完瓷器放置大约一至三年（室内环境），材料很有可能发生黄化现象。其原因可能为：

① 环氧树脂本身对 UV 有吸收，很容易进入激发状态。

② 环氧树脂带有芳香族的 BPA 结构，很容易在紫外线下共振发色。

③ 脂肪胺硬化剂会形成碳酸盐，很容易导致黄化。

④ 胺类本来就是化学上的助色剂。

⑤ 环氧树脂和脂肪胺反应后生成 2 级羟基，会在光老化反应中促进脱氢反应。

为了避免此现象产生我们选择高耐候性的填补材料，并且给予补色遮蔽，遮蔽后的材料可以确保材料填补的环氧树脂配方与光线和氧气隔绝，不会产生变质问题（图 4-43）。

本次项目使用补配材料——奥斯邦磁砖修复剂与爱劳达陶瓷修复环氧树脂	填补过程

图 4-43　环氧树脂（Epoxyresins）混和材质

3. 修复补土

补土的种类很多种，一般来说可以分成水溶性、双组份、溶剂型、光固化型这几种，本次项目选择以水溶性补土修饰器型细节处。塑性补土主要用来填空隙、追加细节等特殊处理，可以用刻线针、美工刀、笔刀等工具进行切削。切削要等它半硬化的时候进行，不能太用力，以免变形。这种补土方式和泥塑差不多，比较常用（图 4-44）。

Modostuc 修复补土

图 4-44　修复补土

（二）补配模具材料

1. 油土

陶瓷复原多会使用填补及翻模技术来成形，填补是针对陶瓷文物破损时所出现某些角度的缺损问题做复原工作，缺损种类可分为小缺口破损、大范围破损、以及装饰构件三种类型，此次填补模具材料选择油土。

针对陶瓷进行小范围至大范围缺损的复原工作，油土可以说是最基本且最容易操作的填补制模材料。油土种类繁多，包括美术黏土、油黏土等，一般文化用品商店均可购买，儿童手工课所使用的黏土即可使用。此种黏土具有可塑性高、不会干燥、可重复使用等优点。儿童黏土大多都有加色素在其中，操作时油土色素会渗透到陶器内部，因此在选购的时候应购买白色油土。另外为了让黏土具有可塑性以及不会干燥，制造商会在其中添加石化油料，油质在塑模时容易渗透到陶器内部，所以新使用的油土应该以报纸或可吸油纸张包覆，让油质含量降低后使用。

黏土通常在具有凹凸纹饰表面制模时所使用。利用黏土水分干燥的特性，在不同阶段进行不同深浅的压印与雕塑，对于缺损处有浮雕造型的陶瓷文物来说，黏土便可发挥极大优势（图 4-45）。

图 4-45　油土

2. 蜡片

使用金工蜡片作为翻模材料，主要用于特殊器型、特殊填料进行补配。一般蜡片是由石蜡、蜜蜡、松脂等材料按比例调配而成，越薄的蜡片可翻模的精细度越高。蜡片可使用单模或包覆模进行填补，包覆模必须以针筒方式灌注成型，精确度较高（图4-46）。

图4-46 修复材料测试

3. 打样膏

打样膏是20世纪八九十年代陶瓷修复流行使用的材料，又称为齿模胶，一般用于牙科翻模。80摄氏度热水即可软化，软化后类似口香糖。其材质可分为两种，其一为松香、白蜡、蜂蜡、碳酸钙的混合物，其二为萜烯树脂、硬脂酸、滑石粉、立德粉等。

打样膏用于陶瓷修复制模快速方便，冷却即硬化，吹风机加热可软化，须使用离形剂方便脱模（图4-47）。

| 打样膏加水软化 | 打样膏制模 |

图4-47 打样膏

4. 石膏

石膏翻模法适合陶瓷大范围缺损处复原，使用内外模块进行器壁复制，利用石膏重量使填料挤压成型，使用时器表需上隔离剂，石膏模具也要使用隔离剂，使复原处减少打磨的时间（图4-48）。

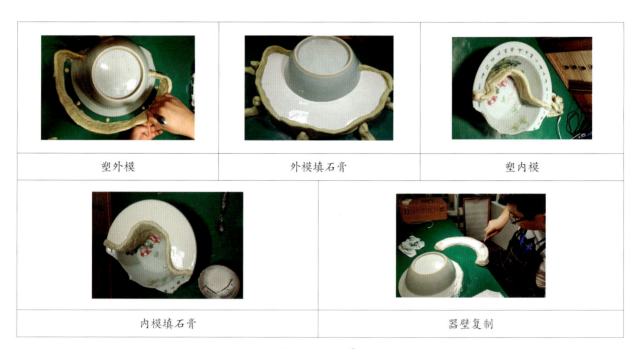

塑外模	外模填石膏	塑内模
内模填石膏		器壁复制

图 4-48　石膏

5. 硅胶

比较精致的构造可以用硅胶翻模成型，可单模、双模，或多模方式进行。操作时一定要上隔离剂，可确保硅胶不粘黏器表。这种材料主要适用于器物的耳、系、钮、提、执手等造型复制（图 4-49）。

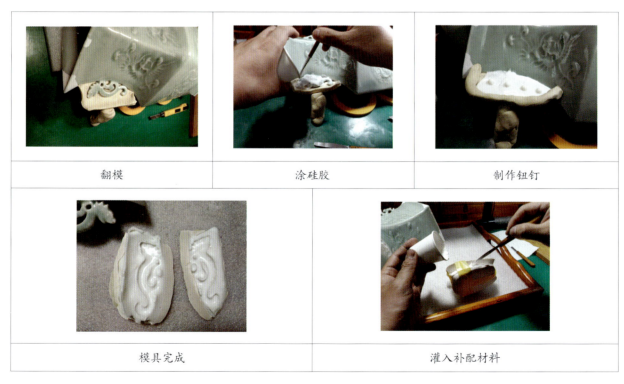

翻模	涂硅胶	制作钮钉
模具完成		灌入补配材料

图 4-49　硅胶

6. 自由树脂

自由树脂 instamorphplastimatepolymorph，是一款遇热可变软的塑料，早期价格偏高，最近几年在模型制作工艺上的大量运用使得价格逐渐降低。它也是一种3D打印材料，在制模上非常方便，可重复使用。与石膏类的材质相比，操作上特别具有优势，硬化后很坚固，耐高压，在陶瓷修复领域适合快速制模成型（图4-50）。

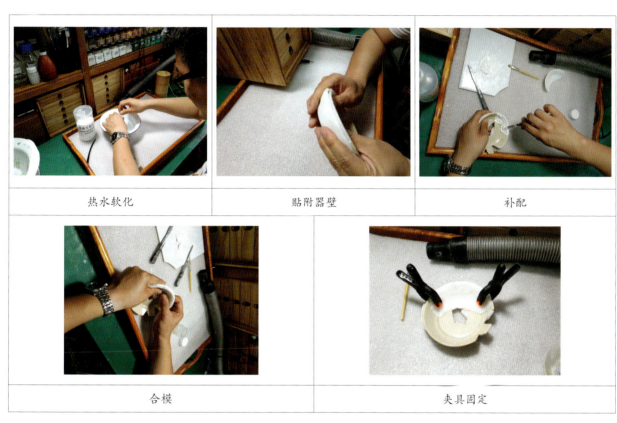

热水软化	贴附器壁	补配
合模		夹具固定

图4-50　自由树脂

（三）补配技法

补配技法有很多种，本项目主要使用堆塑法、捏塑法、针孔浇铸成型法。

1. 堆塑法

在小区块缺损处，且没有破裂至中空状况时，例如裂缝填补、凹洞填补等，可以使用补刀直接做填补工序。填补时如需要考虑填补材的移除性，可以使用30%B-72丙酮溶液对填补处做涂刷隔离，填补后再进行雕塑便可完成（图4-51）。

2. 捏塑法

使用捏塑的方式将填补材料直接捏塑成形，此种方式适合使用高分子树脂混和材料与蜡质材料（图4-52）。

图 4-51　堆塑法　　　　　　　　　　　　　　图 4-52　捏塑法

3. 针孔注射浇铸成型法

使用双蜡片成膜，开浇铸孔、出气孔，使用针筒灌注填补材料（上隔离剂），可以准确成型，方便快速，减少打磨时间（图 4-53）。

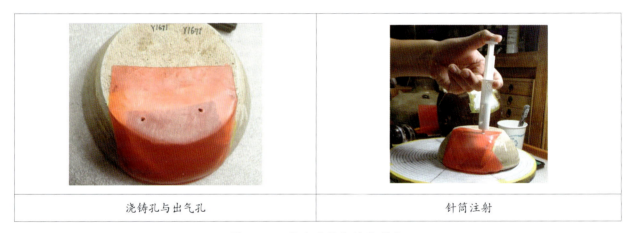

| 浇铸孔与出气孔 | 针筒注射 |

图 4-53　针孔注射浇铸成型法

（四）注意事项

1. 补配之前必须客观、全面了解器物的历史背景、时代特征、形制特点、纹饰等相关内容，尤其那些残损程度较严重的，必须要有确凿的参照依据，要尊重历史信息，不能仅凭主观臆断来进行补配。

2. 补配部分与原器物必须过渡自然、平滑；但也不能为了追求视觉上的完美而人为破坏器物本体。

七、打磨、雕塑成形

在填补完成后，需要使用雕刻工具、砂纸对填补材料进行打磨、雕塑成形。填补材料因为其性质不同而有不同的硬度，在修坯时需选择不同的工具进行雕塑。陶瓷修复所使用的打磨工具有各型号砂纸、不锈钢塑形工具、陶瓷修坯刀、雕刻刀、小型锉刀、解剖刀、电动刻磨机、小型砂轮机等（图 4-54）。

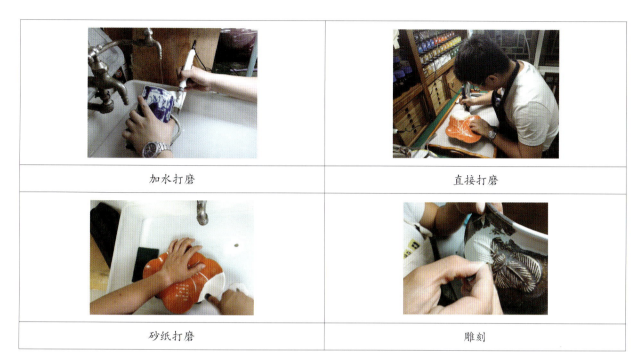

加水打磨	直接打磨
砂纸打磨	雕刻

图 4-54　打磨、雕塑成形

八、加固

对器物的表面或某一部位采取必要的技术处理，以提高其强度、硬度、牢固度的工艺即加固。加固可分为两种：机械加固和粘接加固。机械加固主要针对大型器物或者易损器物，在长途运输或展览的过程中，为确保安全进行的临时性加固，基本不属于保护修复的工作范畴。早期的锯钉，也可以算是机械加固的一个类别。本项目主要使用的加固方法是粘接加固。

出土陶瓷器容易有风化情形，尤以史前的低温陶为严重，其烧成温度大约都小于九百度，属于软陶类型。这些陶器在清洁的那刻起就不断会有陶器屑剥落，其中也包含器表化妆土与破片断面的脆弱边缘等。

陶瓷加固与器物质地、清洁情况有关：

质地分级	第一级：质地坚硬无须加固	第二级：质地尚可些许剥落	第三级：质地脆弱持续剥落	第四级：结构膨拱分层，已碎裂
清洁问题	可使用水清洗，毛刷类清洁无破坏问题	无法水洗，尚可使用软性毛刷与棉花棒清洁	无法水洗，毛刷清洁会造成剥落，棉花棒清洁会沾取陶器风化细粉	无法水洗，碰触即碎裂
加固浓度	无加固	3%B-72 丙酮溶液	10%B-72 丙酮溶液	持续增加浓度浸泡处理
加固方法		涂刷、浸泡、喷雾	渗透、喷雾	喷雾、滴定

文物加固处理多以低温烧制陶器为主，表面有陶粉剥落状况、质地酥松，不过有些情形是不得使用加固剂的，例如表面施有彩绘，选择不给予加固，以利日后分析。

加固原理为使用树脂透过陶瓷的毛细作用渗透到陶瓷内部结构以强化陶瓷。加固剂本身应具有黏度低、流动性大等特点。现今陶瓷加固剂多以高分子聚合材料为主，其中可以分成水溶性合成树酯、溶剂型合成树脂、反应型树脂、树脂乳液类四种[2]。本项目所使用加固材料为ParaolidB-72丙酮溶液、WACKEROH100、AkemiKingK100（四乙硅酸盐）。

根据不同加固对象和部位，应采用不同的加固方法。加固方法可分为喷涂、滴注、浸泡、玻璃钢、拓槽灌注加固法等。其中，喷涂加固法最为常见。喷涂加固法是指将粘合剂或涂料稀释后，直接喷洒或涂覆在加固处的表面。它适用于风化较轻的器壁、将要剥落的彩绘和釉面，以及对补配部位的强化处理[3]。

通常考古发掘陶瓷器在田野现场会施以加固，考古工作因与时间在竞赛，需考虑天气因素、环境因素，加固效果有限，并夹杂大量尘土，后续处理时先给予清洁、甚至浸泡溶解表面多余胶体后，再重新加固。加固原则为至水分无法溶解陶瓷器表面或棉花棒无法沾取表面物为基准（图4-55）。

九、补色

釉体较为脆弱瓷器以及表面空隙较大的陶瓷器，在补配完后可能会有掉釉以及填补料渗入的情形，造成不可逆的状态。强硬清洁会造成更严重损伤，为了文物整体美观性与完整性，需使用补色手法进行缺陷遮盖，在缺陷处补上仿釉材料。

补色为陶瓷修复最后一道工序，其功能在于客观的恢复陶瓷表面原有颜色样貌，在展示与教育功能上发挥功效。通常修复完成后的陶瓷器，表面颜色为填补材料本身的基底色，补色也是仿釉工艺的一项基础，补色的材料也需要具有一定的耐候性、耐久性以及稳定性，属于陈列修复的范畴。

补色方法有很多种，修复者必须根据器物表面色彩及其变化情况灵活运用，才能达到理想的补色效果。常用的补色方法主要有以下几种：喷涂法、刷涂法、擦涂法、勾画法、撑拨法、渲染法、虱点法、粘贴法、吹扑法等[4]。

此次项目补色为两种方式，其一为精修部分，以陈列修复为主，基本上肉眼无法观察出补缺处与断裂处，质地上接近瓷器本身，但是在紫外线等分析仪器照射的状况下是可以辨别出来的。

2　周铁、容波：《陶质彩绘文物保护用加固剂研究》，《文物保护与考古科学第二十卷增刊》，上海博物馆，2008年，P68~70。
3　毛晓沪：《古陶瓷修复》，文物出版社，2021年。
4　毛晓沪：《古陶瓷修复》，文物出版社，2021年。

其二为考古修复，具有可辨识的效果，以环氧树脂补配之后，使用修复级 Gorden 品牌丙烯材料作为展色剂，以矿物性色粉做为本次项目主要调配色料，以氧化铁黄搭配钛白调和成乳白色系，喷涂在补配完成处，主要可以遮盖补配处颜色不均匀，以及隔绝氧气对环氧树脂的老化影响，增加瓷器文物修复后的美观性。

颜料是补色工艺的基本材料，其品种很多，性能各异。对于瓷器来说，补色颜料应具有良好的遮盖力、着色力、高分散度，以及耐光、耐热等性能。

1. 矿物性色粉

陶瓷质文物可以使用矿物性无机色粉做为补色颜料，其无机的成分比重较大，具有耐光、耐候性、无光泽性，适合作为表面着色颜料。矿物性色粉与国画颜料是一样的，主要从矿物本身提炼，可以有赭、石青、石绿、朱砂、铅粉、胡粉、炭黑、钛白、铬黄、铁蓝等等，在陶瓷质文物上使用矿物性颜料的填补效果较为逼真（图 4-56）。

| 喷涂加固 | 加固后效果 |

图 4-55　加固

图 4-56　矿物性色粉

2. 亚克力颜料

亚克力颜料为合成颜料，主要以丙烯酸树脂配合有机与无机颜料而成的现代颜料。亚克力颜料有两种基本成分，一种是色料（色粉），另一种是展色剂（媒介剂）。其中展色剂又分两种：一种是可被油或松节油稀释的树脂（聚甲基丙烯酸甲脂）；另一种是可稀释于水中的聚合体乳剂（PolymerEmulsion）。现在普遍使用的是第二种方式所制作的亚克力颜料，约在 1930 年开始使用于艺术绘制，具有色泽鲜艳、干燥快、抗水性、无味、不龟裂、易于保存、附着力大等优势，可涂在任何无油脂的表面上，例如木器、纸、布、石膏、石头、铝、塑料等等，属快干材质。所需浓度较稀时，可加水稀释，干了之后就防水，适合使用毛笔、喷笔做色。需要移除时可使用热水加以软化，具可逆性（图 4-57）。

亚克力颜料	日本田宫模型颜料	笔刷补色

图 4-57 亚克力颜料

3.聚氨酯树脂颜料（PU 树脂）。

PU 漆是所有聚氨酯涂料的统称，聚氨酯是以聚氨酯树脂为主要成膜物质的涂料。最早的聚氨酯树脂涂料于 20 世纪四十年代由德国 Bayer 公司推出，是双组份涂料。PU 漆综合性能好：硬度好、丰满度好、附着力好、耐久性好、手感好，硬度高，光亮耐磨性高，光泽匀称，防腐性高，耐油、耐酸碱、耐盐等（图 4-58）。

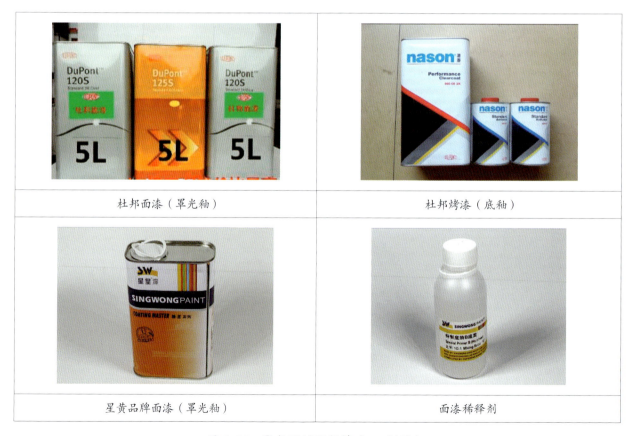

杜邦面漆（罩光釉）	杜邦烤漆（底釉）
星黄品牌面漆（罩光釉）	面漆稀释剂

图 4-58 聚氨酯树脂颜料（PU 树脂）

十、补配材料隔离层喷涂封护

本项目使用奥斯邦环氧树脂作为修复材料，在质地、操作性、耐热、洁白度、硬度均有不错的效果，唯一的问题是环氧树脂配方容易受到紫外光影响而变色，经过 UVC 紫外线照射两小时，材料会略微变黄。故此，在填补完成后选择使用抗 UV 瓷器修复罩光釉，对材料进行遮蔽、隔氧。我们选择美国 GORDEN 品牌照光釉，釉面质地可分为亮光型与哑光型，使用亮光型照光釉喷涂后具有一定亮泽感，表面油光效果有抗脏污附着的能力（图 4-59）。

 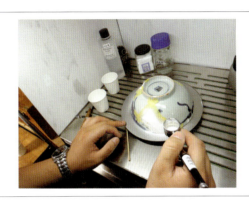

抗紫外线封护剂	喷涂情形

图 4-59　补配材料隔离层喷涂

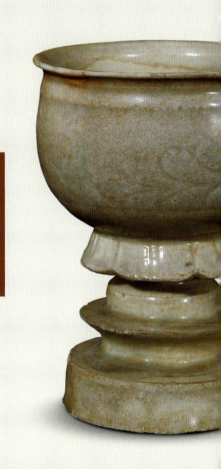

第五章
项目验收与
后期保护利用

第一节 项目结项

2016年12月8日，湖北省文物局组织专家组在宜昌博物馆召开《宜昌博物馆馆藏瓷器保护修复》项目中期评估会。与会专家包括故宫博物院原科技部主任李化元、荆州文保中心主任吴顺清、湖北省博物馆文保中心主任周松峦、中国丝绸博物馆陈列保管部主任汪自强、湖北省文物信息交流中心副主任李奇等。在省局博物馆处处长余萍的主持下，专家组听取了项目组的汇报，并现场考察了保护修复后的瓷器，审查了已完成的保护修复资料，一致认为该项目分析检测到位、技术方法应用安全可靠、操作流程科学，同意该项目通过中期评估，并提出以下建议：严格按照国家文物局批复方案的要求，完成后续修复任务，部分瓷器需达到陈列修复的需求；严格按相关规范完善档案资料。

会后，按照中期评估专家建议，我们严格修复程序、完善档案资料，并对部分需满足陈列展览需求的瓷器完善了补色等相关工艺流程（图5-1、2）。

图5-1 中期评估现场

图5-2 补色现场

2017年10月，《宜昌博物馆馆藏瓷器保护修复》项目完成全部197件/套（实际数量200件）瓷器的保护修复工作。10月31日，湖北省文物局在宜昌博物馆组织召开了该项目的结项验收会，博物馆处处长余萍主持会议。与会专家荆州文保中心主任吴顺清、湖北省博物馆文保中心主任周松峦、湖北省文物交流信息中心副主任李奇现场查看了该项目修复的瓷器，并检查了修复档案，认为该项目保护修复流程严谨、修复材料安全可靠，达到了预期的修复目标。与会专家一致同意通过项目验收。同时省局综合处副调研员董益等检查了该项目的财务使用情况，并上报省局审核通过该项目的财务验收（图5-3~5）。

图 5-3　验收现场

宜昌博物馆馆藏瓷器文物保护修复项目
结项验收意见

2017 年 10 月 31 日，湖北省文物局在宜昌博物馆组织召开宜昌博物馆馆藏瓷器文物保护修复项目验收会。与会专家现场查验了修复实物及修复档案，听取了项目组汇报，经质询讨论形成意见如下：

1、项目严格按照国家文物局批复的《宜昌博物馆馆藏瓷器文物保护修复方案》（文物博函【2015】1934 号）实施，完成了 197 件/套瓷器文物的保护修复。

2、项目按照原设计方案技术路线实施，保护修复流程严谨，材料安全可靠，效果良好，达到了预期目标。

3、项目管理规范，档案完整，资料齐全。

同意通过项目验收。

专家签字：

2017 年 10 月 31 日

图 5-4　质量验收意见

财务验收意见表

项目名称	宜昌博物馆馆藏瓷器保护修复
项目承担单位	宜昌博物馆

财务验收意见

2017 年 10 月 31 日，省文物局财务验收小组对该项目的会计凭证和相关财务资料进行认真查验，并现场听取有关汇报。经过认真研究和审核，认为该项目资金的管理和使用能够严格执行国家法律法规和财务规章制度，按照《国家重点文物保护专项补助资金管理办法》规定支出内容使用资金，专款专用，专项核算。同时提出在今后的项目实施中还需进一步加强财务管理，健全绩效评价制度，提高资金使用效益。

该项目国家文物局预算批复 223 万元，中央财政到位资金 223 万元，财务验收认定项目支出 224.32 万元，结余-1.32 万元。验收评分为 91 分，同意该项目通过财务验收。

财务验收结论：

☑1 通过项目财务验收
□2 存在问题需要整改
□3 不通过项目财务验收

出具意见单位（公章）：
2017 年 11 月 8 日

图 5-5　财务验收意见

第二节　预防性保护措施建议

一、温度、湿度控制

因瓷器本体和修复材料性质不同，膨胀系数也不尽相同，温度变化引起的膨胀或者收缩，都会使得修复材料出现脱落或者错位等问题。膨胀收缩程度会随着空气中温度的变化而变化，当超过承受范围时，会直接导致器物碎裂。与此同时，温度升高还会导致细菌繁殖速度加快，引发有机质修复材料变质等现象。同时，过大的温差还会导致修复材料分子结构发生变化，变得脆弱，材料老化、起皮，甚至脱落。

空气潮湿会使有机质被迫吸入水分，对有机质造成机械破坏、化学破坏，甚至微生物破坏。湿度过高，常用填补材料——石膏会吸潮变质，湿度过低会导致表面脆化；还会使动物胶和水溶性的黏接剂失效，出现微生物病害等，从而污染陶瓷器本体；部分瓷器表面修复使用的水性颜料还会溶解，影响修复的整体效果。

鉴于高湿度及温度波动可能加重某些瓷器釉面的腐蚀剥落、脆弱、老化等现象，造成二次破坏，建议瓷器文物保存条件为温度 14℃~24℃，相对湿度 45%~60%，温度日波动 ≤ 5℃，相对湿度日波动 ≤ 5%。

二、防止紫外光、有害气体、灰尘的侵害

瓷器具有稳定性，本身对紫外线抵抗力较强，但保护修复过程中应用的多种有机材料仍然会对紫外线产生反应，会加快文物的老化速度，产生变色等不良现象，也会造成文物存放环境温度的改变，加速各种化学腐蚀反应，丧失修复材料的可逆性。

灰尘虽然很小，但在微观显示中也能清晰地观察到其有尖锐的棱角，所以日常周期性的擦拭容易对瓷器釉面产生累积磨伤。另外，一些特殊材料（如熟石膏）表面有细微的孔洞，容易积尘，应注意防尘。有些修复材料耐腐蚀性差，应避免接触到强酸、强碱环境，同时应注意空气中的腐蚀性气体，比如二氧化硫等污染物能与水发生反应，生成亚硫酸和硫酸，不但对有机质文物，而且对金属等都会造成严重的腐蚀。

在日常保管中，瓷器应避光保存。瓷器库房的窗户要尽量少、尽量小，窗户玻璃使用磨砂厚玻璃或花纹玻璃，并加装防紫外线胶片。同时，还需要安装深浅两色的双层窗帘，尽量减少户外紫外线的影响。

　　瓷器陈列展出时应使用无紫外线光源，或在普通光源上涂一层紫外线吸收剂。光线不宜直射，灯光照度应小于50lux，以能看清文物为准。

　　除此之外，库房和展厅均应配备空气过滤设备，减少空气中的有害气体和灰尘。定期用吸尘器清扫室内，用软布、排笔等清扫文物表面灰尘。

三、避免人为损害

　　在提拿、包装运输、摆放已修复瓷器等工作过程中，操作不当会对陶瓷器造成新的损伤。

　　瓷器易碎，经过保护修复的瓷器更是脆弱。按照瓷器形状配备囊匣，不仅可以减少运输过程中出现意外的可能性，还可以提供一个相对安全、隔绝有害气体和灰尘的微环境。

　　提取器物时，必须双手捧持，不可提梁携耳，尤其应避免提拉修复部位。提取大件器物时，一手托持文物重心稍靠下的部分，另一手放于文物底部；提取带盖或包含其他配件器物时，应先将盖或配件拿下，再行提取。

第三节　后期保管与展示利用

一、保管情况

宜昌博物馆新馆按照文物材质，设有专门的陶瓷器库房，库房大门为C级库房门，在保证文物

图5-6　放置瓷器的无酸囊匣

图5-7　瓷器文物储藏柜

图5-8　瓷器文物库房

安全的同时能实时监测库房环境。修复后的瓷器均装入量身定制的无酸囊匣，放入封闭文物柜内，进一步保证文物安全，优化保存微环境。

二、后期展示利用

宜昌博物馆新馆设有《千载峡州》展厅，其中的"施釉涂彩"单元对馆藏瓷器进行专题展示。经过本项目修复的瓷器极大地充实了其展览内容。展览中还将不同修复方式的瓷器与未经修复的瓷器残件进行了对比展示，让观众直观感受瓷器修复的相关知识与文物保护工作的魅力。

图 5-9　《千载峡州》展厅"施釉涂彩"单元

图 5-10　修复后的瓷器展示

图 5-11　修复后的瓷器展示

图 5-12　瓷器不同修复方式的展示

结　语

　　自 2015 年至 2017 年，历时三年，《宜昌博物馆馆藏瓷器保护修复》项目完美结束。在北京大学考古文博学院和北京鉴衡文物修复中心的全力支持下，宜昌博物馆 197 件 / 套（实际数量 200 件）亟需修复的馆藏瓷器得到了保护修复。从前期检测到实施过程中清洗，拼对、粘接、补配再到补色、做旧及封护，各个精细的步骤使得这批瓷器焕发出被岁月湮没的独特光彩，为宜昌地区的瓷器研究提供了不可替代的材料和信息。

　　笔者以该批瓷器修复的流程为中心，详细介绍了瓷器修复的步骤、材料、设备，通过对典型器物修复流程的列举和描述，并附上修复前后的对比照片，希望能直观明了的阐述瓷器修复的独特技法和效果。

　　历经人类文明的历史长河，文物作为物质文化和精神文化的载体，是不可替代的，也是不可再生的。随着时代的发展，逐渐增多的考古发掘项目，越来越热闹的艺术品市场，文物面临着更多的自然或人为的损毁或破坏，有时错误的文物保护修复理念和技艺，也会对对文物造成不可逆转的损伤。

　　文物保护修复是以延长文物寿命作为出发点的，改善文物的保存状态，使得文物所承载的历史信息能长久的流传下来，是每个文物保护从业人员的使命和担当。文物保护修复是文物抢救的重要手段，也是博物馆不可缺少的业务工作。我们必须提升文保修复技术知识和水平，增强实际操作能力，更好地服务于文博事业，更好地服务于社会。

附录一
文物保护修复
典型案例选录

附录一　文物保护修复典型案例选录

器物名称	酱釉附加蝴蝶纹双耳瓷罐	
出土地	秭归望江墓群	
编号	Y1288	
年代	北宋	
口径	14.7cm	
腹径	19.0cm	
底径	17.0cm	
通高	19.2cm	
重量	1260g	
病害描述	存在断裂和缺失状况。断裂处曾进行过粘接处理。	
保护措施	拆解、清洁、粘接、补配、抗紫外线处理。	
图例	缺失	裂隙

修复流程:

1. 清洁

分别浸泡在过饱和柠檬酸水溶液（加热至沸腾）、常温过饱和过碳酸钠水溶液中，以拆解口部、腹部修复痕迹并清洁表面灰尘、断面脏污。

2. 粘接

文物清洁后以改性氢基丙烯酸黏着剂 ERGO5920 粘接、ERGO5920 灌缝，将断面连接缝隙填满，避免灰尘脏污再次进入。

3. 补配

使用蜡片翻模法、红白打样膏翻模法作为单面内模；以瓷砖修补剂与滑石粉调制成团块状进行补配。缺失的耳则参考另外一侧，使用油土捏塑外模，并将瓷砖修补剂倒入、干燥后成型。

4. 打磨

先用刻磨机进行粗胚打磨，后以 400 号、600 号水砂纸细磨，最后在使用 2000 号砂纸进行表面抛光，使补配处光泽与瓷器釉面接近。此件文物为对称造型，局部缺失处的完整一侧带有蝴蝶贴花装饰，因此另一侧亦参照该装饰进行雕刻。

5. 补色

使用聚氨酯树脂颜料进行补色。

器物名称	橙红釉兰草纹瓷盘
出土地	原文物处
编号	Y1242
年代	清雍正
口径	22.8cm
底径	13.7cm
通高	3.7cm
重量	337g
病害描述	存在缺失状况。
保护措施	清洁、补配、抗紫外线处理。
图例	缺失

修复流程：

1. 清洁

分别浸泡在过饱和柠檬酸水溶液（加热至沸腾）、常温过饱和过碳酸钠水溶液中，清洁表面灰尘、断面脏污。断面另以过饱和柠檬酸水溶液湿敷加强清洁。

2. 补配

首先，对瓷器缺失边缘处使用 3M 遮蔽胶带黏贴隔离，避免补配材料污染文物表面；其次，使用蜡片作为单面内或外模，贴敷在缺失处内或外部，调整出缺失造型内模；最后以瓷砖修补剂 A+B 剂加入体积比 2.5 倍的滑石粉调制成膏状进行补配。

3. 打磨

对补配多余的部分打磨，先用刻磨机进行粗胚打磨，随型到一定程度后以 400 号、600 号水砂纸细磨，最后在使用 2000 号砂纸进行表面抛光，使补配处光泽与瓷器釉面接近。

4. 补色

使用聚氨酯树脂颜料进行补色。

器物名称	青花开光花草纹瓷虎子	
出土地	原文物处	
编号	Y1004	
年代	清	
底长	18.4cm	
底宽	12.1cm	
通高	14.1cm	
重量	1336g	
病害描述	存在缺失状况。	
保护措施	清洁、补配、抗紫外线处理。	
图例	拆解、清洁、粘接、补配、抗紫外线处理。	
图例	缺失	

修复流程:

1. 清洁

分别浸泡在过饱和柠檬酸水溶液(加热至沸腾)、常温过饱和过碳酸钠水溶液中,以清洁表面灰尘、断面脏污。

2. 补配

先对瓷器缺失边缘处使用 3M 遮蔽胶带黏贴隔离,避免补配材料污染文物表面;接着使用油土

作为单面内模，贴敷在缺失处内部，调整出缺失造型内模；最后以瓷砖修补剂 A+B 剂加入体积比 3 倍的滑石粉调制成团块状进行补配。

3. 打磨

对补配多余的部分打磨，先用刻磨机进行粗胚打磨，随型到一定程度后以 400 号、600 号水砂

纸细磨，最后在使用 2000 号砂纸进行表面抛光，使补配处光泽与瓷器釉面接近。

4. 抗紫外线处理

为使补配处有良好抗污、耐光效果，使用 GOLDEN 瓷器表面修复材料，以喷枪喷上薄薄一层作为表面隔离层。

5. 补色

使用聚氨酯树脂颜料进行补色。

器物名称	影青釉双龙耳四棱扁腹瓷瓶	
出土地	原文物处	
编号	Y1035	
年代	清	
口径	16.0cm	
腹径	21.3cm	
底径	15.0cm	
重量	3201g	
病害描述	存在缺失状况。	
保护措施	清洁、补配、抗紫外线处理。	
图例		缺失

修复流程:

1. 清洁

分别浸泡在过饱和柠檬酸水溶液(加热至沸腾)、常温过饱和过碳酸钠水溶液中,以清洁文物表面灰尘、断面脏污。

2. 补配

文物口部、足部与右耳缺失,需要进行补配,在清洁后先对瓷器缺失边缘处使用 3M 遮蔽胶带黏贴隔离；接着使用油土作为单面内模，贴敷在缺失处内部，捏塑出缺失造型内模；最后以瓷砖修补剂 A+B 剂加入体积比 3 倍的滑石粉调制成团块状进行补配。

　　因该文物左右对称，因此缺失的右耳则采用硅胶翻模法，从左耳复制；复制后再使用氢基丙烯酸 ERGO5920 粘接。

3. 打磨

补配多余的部分打磨。

4. 抗紫外线处理

为使补配处有良好抗污、耐光效果，使用 GOLDEN 瓷器表面修复材料，以喷枪喷上薄薄一层作为表面隔离层。

5. 补色

使用聚氨酯树脂颜料进行补色。

器物名称	黑釉饼足瓷碗
出土地	秭归望江墓群
编号	Y1291
年代	明
口径	10.0cm
底径	4.0cm
通高	4.1cm
重量	107.1g
病害描述	存在断裂和缺失状况。断裂处曾进行过粘接处理。
保护措施	拆解、清洁、粘接、补配、抗紫外线处理。
图例	缺失　　裂隙

修复流程：

1. 清洁

分别浸泡在过饱和柠檬酸水溶液（加热至沸腾）、常温过饱和过碳酸钠水溶液中，以拆解前人修复部分并清洁文物表面灰尘、断面脏污。

2. 粘接

文物清洁后以改性氢基丙烯酸黏着剂 ERGO5920 粘接、ERGO5920 灌缝，将断面连接缝隙填满，避免灰尘脏污再次进入。

3. 补配

文物口部缺失，先对瓷器缺失边缘处使用 3M 遮蔽胶带黏贴隔离，避免补配材料污染文物表面；接着使用蜡片作为单面内、外模；以瓷砖修补剂与滑石粉调制成膏状进行补配。

4. 打磨

先用刻磨机进行粗胚打磨，后以 400 号、600 号水砂纸细磨，最后在使用 2000 号砂纸进行表面抛光，使补配处光泽与瓷器釉面接近。

5. 补色

使用聚氨酯树脂颜料进行补色。

器物名称	青釉折沿瓷盆
出土地	原文物处
编号	Y1246
年代	六朝
口径	24.1cm
底径	14.5cm
通高	8.3cm
重量	1396g
病害描述	存在断裂和缺失状况。断裂和缺失处曾进行过修复处理。
保护措施	拆解、清洁、粘接、补配、抗紫外线处理。
图例	缺失　　　裂隙

修复流程：

1. 清洁

分别浸泡在过饱和柠檬酸水溶液（加热至沸腾）、常温过饱和过碳酸钠水溶液中，以拆解前人修复部分并清洁文物表面灰尘、断面脏污。

2. 粘接

文物清洁后以改性氢基丙烯酸黏着剂 ERGO5920 粘接，ERGO5920 灌缝，将断面连接缝隙填满，避免灰尘脏污再次进入。

3. 补配

文物口部缺失，先对瓷器缺失边缘处使用 3M 遮蔽胶带黏贴隔离，避免补配材料污染文物表面；接着使用蜡片作为单面内、外模；以瓷砖修补剂与滑石粉调制成膏状进行补配。

4. 打磨

先用刻磨机进行粗胚打磨，后以 400 号、600 号水砂纸细磨，最后在使用 2000 号砂纸进行表面抛光，使补配处光泽与瓷器釉面接近。

5. 补色

使用聚氨酯树脂颜料进行补色。

器物名称	青釉鼓腹盘口瓷壶	
出土地	原文物处	
编号	Y1131	
年代	晋	
口径	8.6cm	
腹径	12.5cm	
底径	10.0cm	
通高	13.6cm	
重量	780g	
病害描述	存在缺失和剥釉状况。	
保护措施	清洁、补配、抗紫外线处理。	
图例	缺失　　　剥釉	

修复流程：

1.加固

文物表面釉面有剥落情形，先以 3% 丙酮 B-72 溶液进行加固以稳定釉面，避免更多的釉剥落。

2. 清洁

使用棉花棒、笔刷沾纯水清洁文物表面与断面。

3. 补配

先对瓷器缺失边缘处使用 3M 遮蔽胶带黏贴隔离，避免补配材料污染文物表面；接着使用油土作为单面内模，贴敷在缺失处内部，调整出缺失造型内模；最后以瓷砖修补剂 A+B 剂加入体积比 3 倍的滑石粉调制成团块状进行补配。

4. 打磨

对补配多余的部分打磨，先用刻磨机进行粗胚打磨，随型到一定程度后以 400 号、600 号水砂纸细磨，最后在使用 2000 号砂纸进行表面抛光，使补配处光泽与瓷器釉面接近。

5、抗紫外线处理

为使补配处有良好抗污、耐光效果，使用 GOLDEN 瓷器表面修复材料，以喷枪喷上薄薄一层作为表面隔离层。

6. 补色

使用聚氨酯树脂颜料进行补色。

器物名称	白釉青花瓷钵	
出土地	原文物处	
编号	Y1459	
年代	清	
口径	26.3cm	
底径	16.7cm	
通高	16.2cm	
重量	2335g	
病害描述	存在断裂状况。	
保护措施	清洁。	
图例		裂隙

修复流程：

1. 清洁

（1）浸泡在过饱和柠檬酸水溶液中，并加热至沸腾。

（2）浸泡在常温过饱和过碳酸钠水溶液中，清洁文物表面与冲线灰尘脏污。

器物名称	乳黄釉瓷碗
出土地	原文物处
编号	Y1191
年代	宋
口径	18.0cm
底径	6.4cm
通高	6.9cm
重量	351.3g
病害描述	存在缺失状况。
保护措施	清洁、补配、抗紫外线处理。
图例	缺失

修复流程：

1. 清洁

分别浸泡在过饱和柠檬酸水溶液（加热至沸腾）、常温过饱和过碳酸钠水溶液中，以清洁文物表面灰尘、断面脏污。表面覆盖钙质层积物，采用物理性方式——手术刀进行表面钙质层移除。

2. 补配

对瓷器缺失边缘处使用3M遮蔽胶带黏贴隔离，避免补配材料污染文物表面；接着使用油土作为单面内模，贴敷在缺失处内部，调整出缺失造型内模；最后以瓷砖修补剂 A+B 剂加入体积比 3 倍的滑石粉调制成膏状进行补配。滑石粉调制成团块状进行补配。

3.打磨

先用刻磨机进行粗胚打磨，后以 400 号、600 号水砂纸细磨，最后在使用 2000 号砂纸进行表面抛光，使补配处光泽与瓷器釉面接近。

4.加固

使用 3% 的 B-72 丙酮溶液进行加固。

5.补色

使用聚氨酯树脂颜料进行补色。

器物名称	青釉粉彩劳作图双耳瓷方瓶
出土地	原文物处
编号	Y1122
年代	民国
口径	16.1cm
腹径	19.1cm
底径	14.6cm
通高	56.2cm
重量	8522g
病害描述	存在缺失状况。
保护措施	清洁、补配、抗紫外线处理。
图例	

缺失

修复流程：

1. 清洁

分别浸泡在过饱和柠檬酸水溶液（加热至沸腾）、常温过饱和过碳酸钠水溶液中以清洁文物表面灰尘、断面脏污。

2. 补配

文物缺失处使用蜡片翻模法填补，先使用吹风机加热蜡片，将蜡片贴附在完整处，调整蜡片外形以符合口沿线条，接着将调整好的蜡片转移到缺失处后准备填补。以瓷砖修补剂 A+B 剂加入体积比 3 倍以上的滑石粉调制成团块状进行补配。

3. 打磨

对补配多余的部分打磨，先用刻磨机进行粗胚打磨，随型到一定程度后以 400 号、600 号水砂纸细磨，最后在使用 2000 号砂纸进行表面抛光，使补配处光泽与瓷器釉面接近。

4. 补色

使用聚氨酯树脂颜料进行补色。

器物名称	景德镇窑青花龙纹青白釉瓷碗
出土地	中堡岛
编号	Y1732
年代	明
口径	14.7cm
底径	7.0cm
通高	6.7cm
重量	205.5g
病害描述	存在断裂和缺失状况。断裂处曾进行过粘接处理。
保护措施	拆解、清洁、粘接、补配、抗紫外线处理。
图例	

缺失　　　裂隙

修复流程：

1. 清洁

分别浸泡在过饱和柠檬酸水溶液（加热至沸腾）、常温过饱和过碳酸钠水溶液中，拆解前人修复部分并清洁文物表面灰尘、断面脏污。

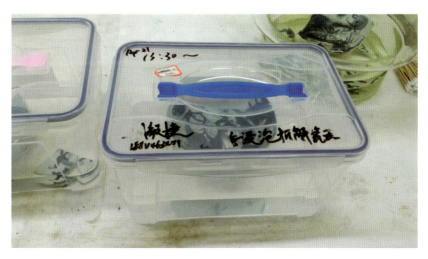

2. 粘接

文物清洁后以改性氢基丙烯酸黏着剂 ERGO5920 粘接。黏合后以 ERGO5920 灌缝，将断面连接缝隙填满，避免灰尘脏污再次进入。

3. 补配

文物口部缺失，先对瓷器缺失边缘处使用 3M 遮蔽胶带黏贴隔离，避免补配材料污染文物表面；接着使用油土作为内模；以瓷砖修补剂与滑石粉调制成膏状进行补配。

4. 打磨

先用刻磨机进行粗胚打磨，后以 400 号、600 号水砂纸细磨，最后在使用 2000 号砂纸进行表面抛光，使补配处光泽与瓷器釉面接近。

5. 补色

由于本次修复材料为环氧树脂，其填补过程中容易有颜色不均匀的状况发生，因此，为使外观和谐进行补色。补色使用 GOLDEN 瓷器表面修复材料加入矿物色粉调配成米黄色调。使用喷枪均匀喷涂，喷涂前先用 3M 遮蔽胶带遮蔽补配处周围。

器物名称	青釉粉彩折沿花卉纹瓷盆
出土地	原文物处
编号	Y1235
年代	民国
口径	29.0cm
底径	15.1cm
通高	9.5cm
重量	1353g
病害描述	存在缺失状况。
保护措施	清洁、补配、抗紫外线处理。
图例	缺失

修复流程：

1.清洁

分别浸泡在过饱和柠檬酸水溶液（加热至沸腾）、常温过饱和过碳酸钠水溶液中，清洁文物表面灰尘、断面脏污。

2.补配

先对瓷器缺失边缘处使用 3M 遮蔽胶带黏贴隔离，避免补配材料污染文物表面；接着使用石膏

翻模法，以完整的瓷器部分制作出模具，并以此翻出缺失处；将瓷砖修补剂 A+B 剂加入体积比 1 倍的滑石粉调制成膏泥状进行补配。

3. 打磨

对补配多余的部分打磨，先用刻磨机进行粗胚打磨，随型到一定程度后以 400 号、600 号水砂纸细磨，最后在使用 2000 号砂纸进行表面抛光，使补配处光泽与瓷器釉面接近。

4. 补色

使用聚氨酯树脂颜料进行补色。

器物名称	盘口四系青釉瓷壶
出土地	秭归望江墓群
编号	Y1913
年代	唐
口径	10.4cm
腹径	14.9cm
底径	9.7cm
通高	19.6cm
重量	989g
病害描述	存在断裂和缺失状况。断裂处曾进行过粘接处理。存在明显胶痕。
保护措施	拆解、清洁、粘接、补配、抗紫外线处理。
图例	缺失　　裂隙

修复流程：

1. 清洁

分别浸泡在过饱和柠檬酸水溶液（加热至沸腾）、常温过饱和过碳酸钠水溶液中，拆解文物并

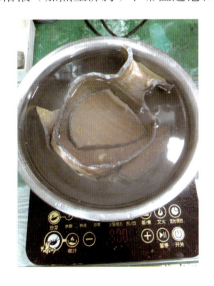

清洁文物表面灰尘、断面脏污。局部脏污则以棉花棒加强清洁。

2. 粘接

文物清洁后以改性氢基丙烯酸黏着剂 ERGO5920 粘接。黏合后以 ERGO5920 灌缝，将断面连接缝隙填满，避免灰尘脏污再次进入。

3. 补配

先对瓷器缺失边缘处使用 3M 遮蔽胶带黏贴隔离，避免补配材料污染文物表面；接着以瓷砖修补剂与滑石粉调制成团块状，以堆塑方式将缺失处外形轮廓堆叠出来，待第一层干燥后再上第二层，采取慢慢叠加方式，瓷砖修补剂也逐渐减少滑石粉使用量，过程中使用蜡片作为单面内模辅助补配。

4. 打磨

先用刻磨机进行粗胚打磨，后以 400 号、600 号水砂纸细磨，最后在使用 2000 号砂纸进行表面抛光，使补配处光泽与瓷器釉面接近。

5. 补色

使用聚氨酯树脂颜料进行补色。

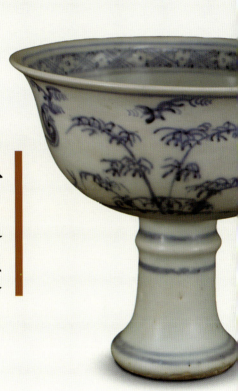

附录二
文物保护修复
前后对比照片选录

附录二　文物保护修复前后对比照片选录

Y1004

修复前　　　　　　　　　　　　　　　　　修复后

Y1010

修复前　　　　　　　　　　　　　　　　　修复后

Y1035

修复前

修复后

Y1037

修复前

修复后

Y1040

修复前 修复后

Y1048

 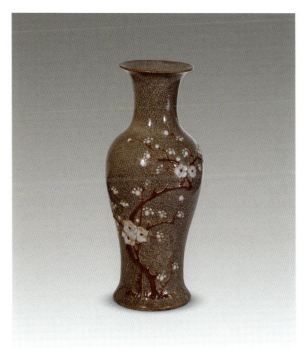

修复前 修复后

Y1049

修复前

修复后

Y1053

修复前

修复后

Y1061

 修复前　　　　　　　　　　　　　　　　　　修复后

Y1062

修复前　　　　　　　　　　　　　　　　　　修复后

Y1063

修复前　　　　　　　　　　　　　　　　　修复后

Y1066

 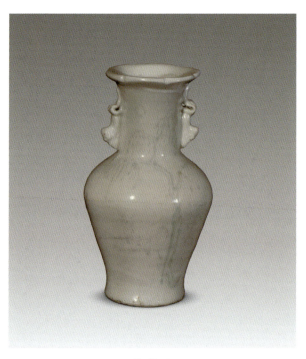

修复前　　　　　　　　　　　　　　　　　修复后

Y1067

修复前　　　　　　　　　　　　　　　　修复后

Y1071

修复前　　　　　　　　　　　　　　　　修复后

Y1087

 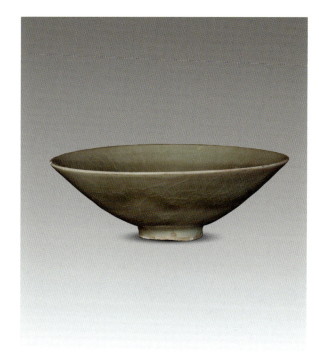

修复前 修复后

Y1092

修复前 修复后

Y1093

 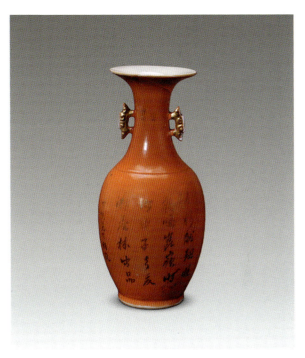

修复前 修复后

Y1094

 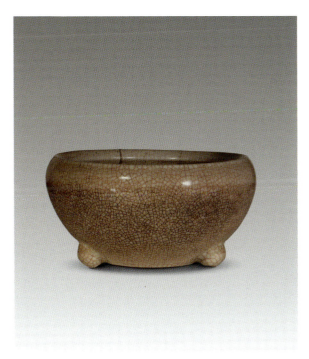

修复前 修复后

Y1105

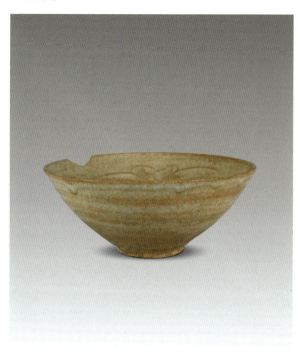 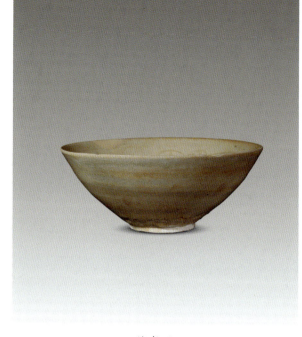

修复前   修复后

Y1118

 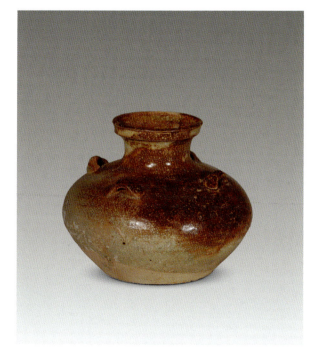

修复前   修复后

Y1120

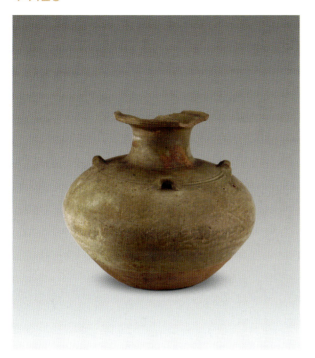

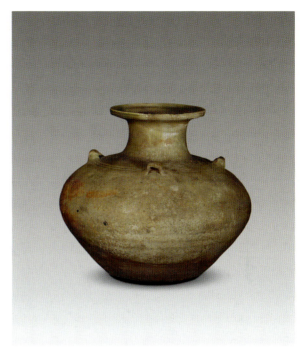

修复前

修复后

Y1122

修复前

修复后

Y1209

修复前

修复后

Y1178

修复前

修复后

Y1179

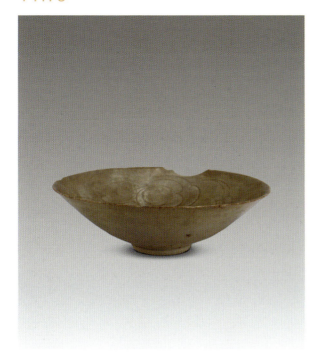 

修复前 修复后

Y1191

修复前 修复后

Y1193

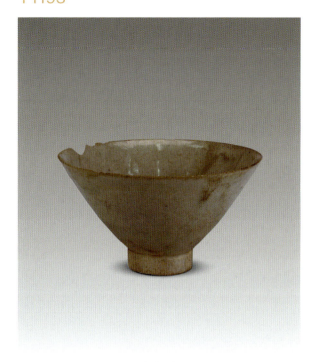
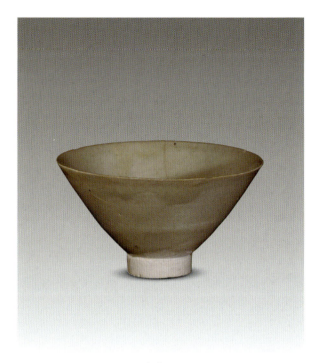

修复前 　　　　　　　　　　　　　　　　修复后

Y1203

修复前 　　　　　　　　　　　　　　　　修复后

Y1205

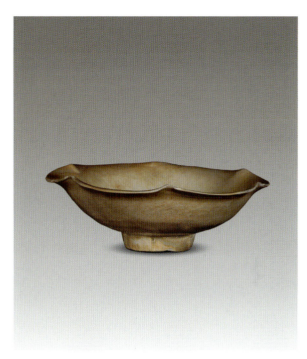

修复前

修复后

Y1206

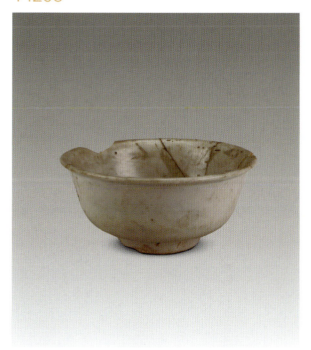

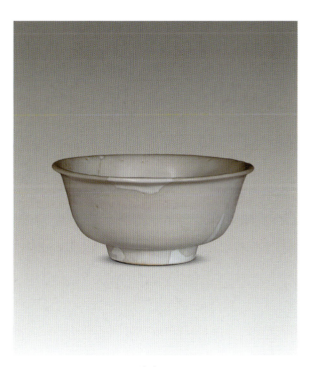

修复前

修复后

Y1207

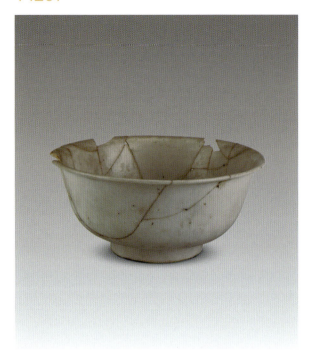 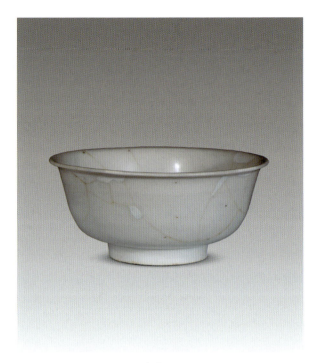

修复前 修复后

Y1215

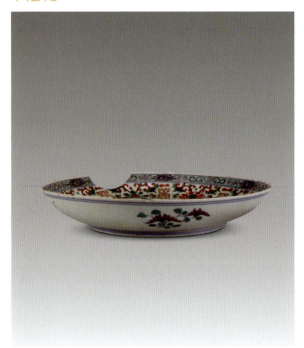 

修复前 修复后

Y1223

修复前   修复后

Y1235

修复前   修复后

Y1881

修复前

修复后

Y1242

修复前

修复后

Y1244

修复前

修复后

Y1245

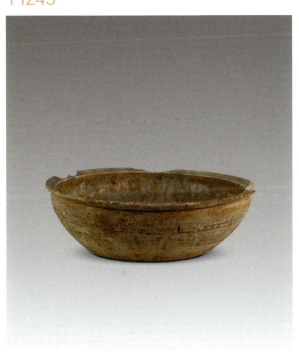

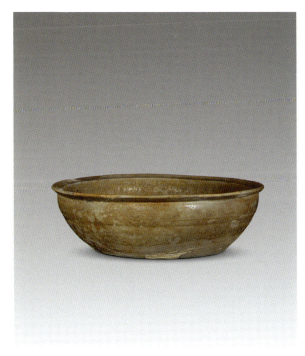

修复前

修复后

Y1246

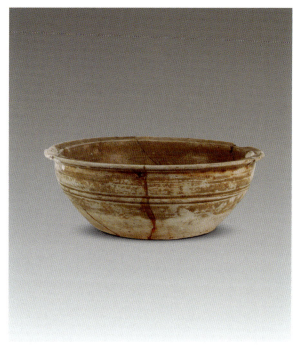

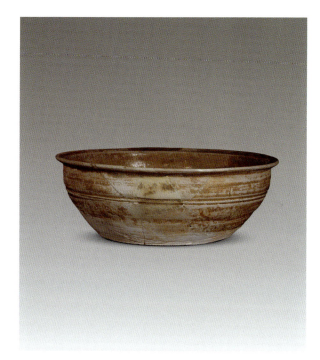

修复前

修复后

Y1254

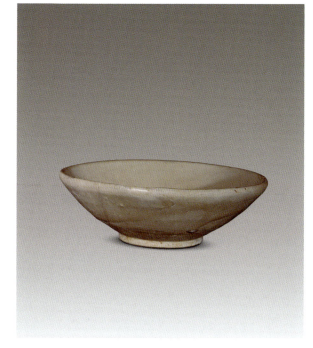

修复前

修复后

Y1257

修复前 修复后

Y1260

修复前 修复后

Y1262

 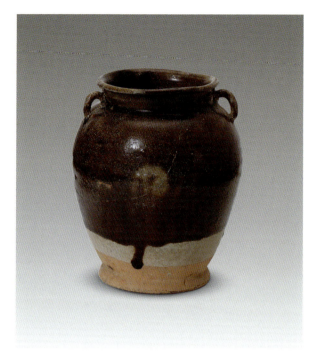

修复前　　　　　　　　　　　　　　　　修复后

Y1266

修复前　　　　　　　　　　　　　　　　修复后

Y1268

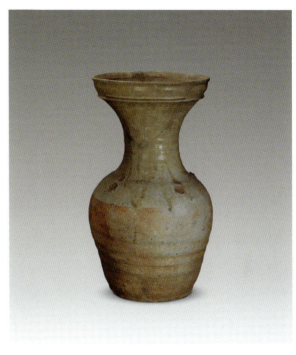

修复前

修复后

Y1281

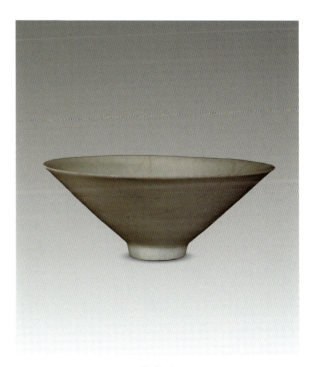

修复前

修复后

Y1282

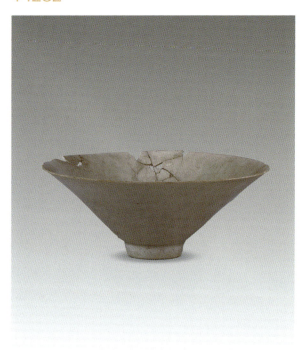

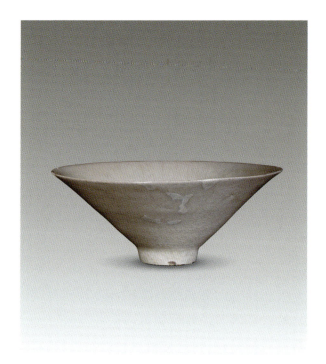

修复前   修复后

Y1283

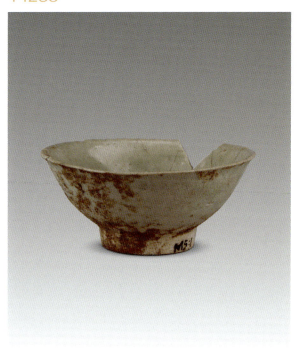

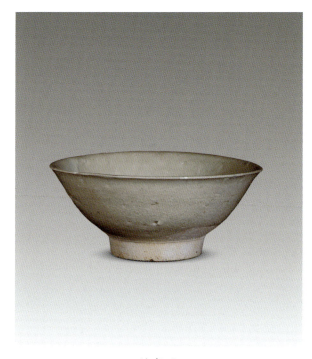

修复前   修复后

Y1285

修复前　　　　　　　　　　　　　　　　　　修复后

Y1287

修复前　　　　　　　　　　　　　　　　　　修复后

Y1288

修复前

修复后

Y1303

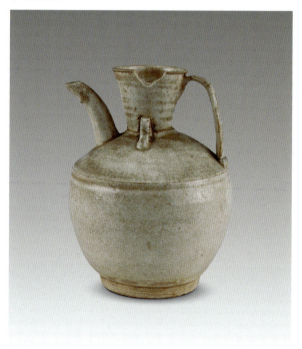

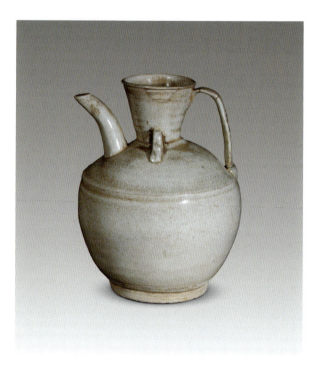

修复前

修复后

Y1298

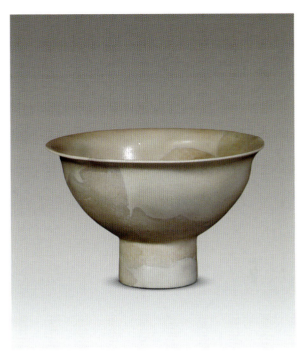

修复前　　　　　　　　　　　　　　　　　修复后

Y1302

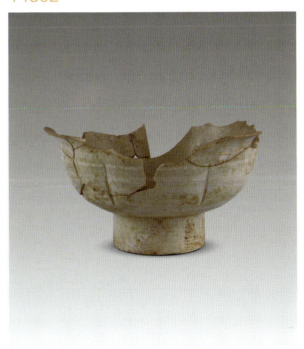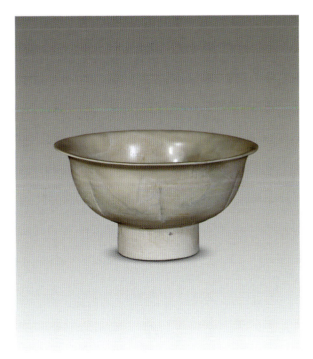

修复前　　　　　　　　　　　　　　　　　修复后

Y1305

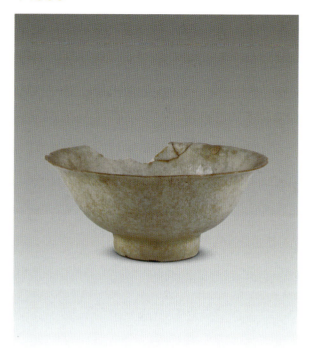 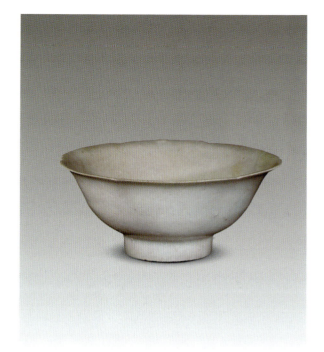

修复前　　　　　　　　　　　　　　　修复后

Y1311

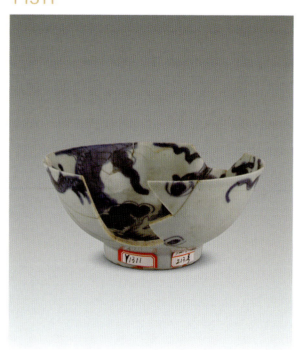 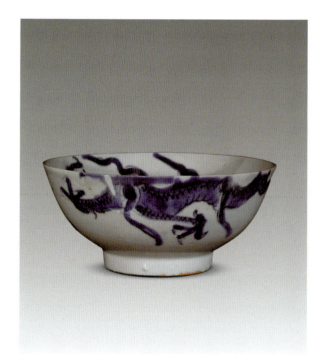

修复前　　　　　　　　　　　　　　　修复后

Y1312

修复前　　　　　　　　　　　　　　　　修复后

Y1443

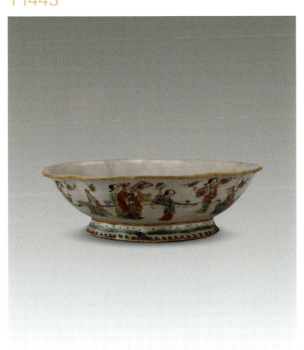

修复前　　　　　　　　　　　　　　　　修复后

Y1459

修复前　　　　　　　　　　　　　　　　修复后

Y1475

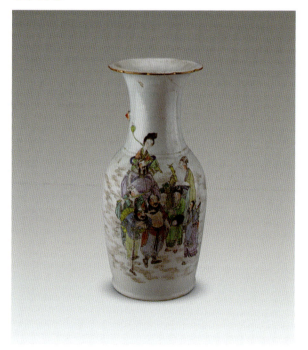

修复前　　　　　　　　　　　　　　　　修复后

Y1478

修复前　　　　　　　　　　　　　　　　修复后

Y1479

修复前　　　　　　　　　　　　　　　　修复后

Y1632

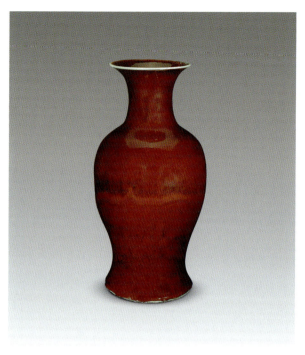

修复前

修复后

Y1626

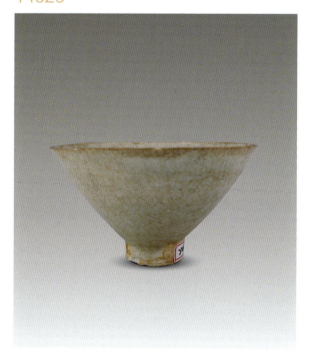

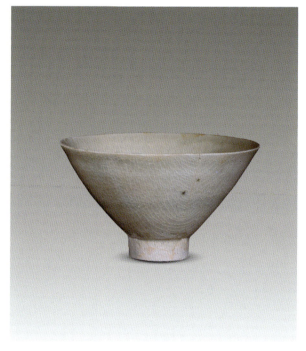

修复前

修复后

Y1633

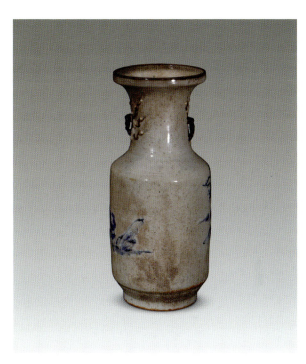

修复前   修复后

Y1635

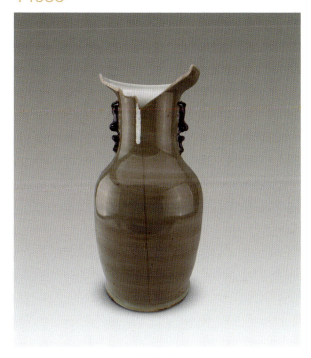

修复前   修复后

Y1639

修复前

修复后

Y1640

修复前

修复后

Y1642

修复前　　　　　　　　　　　　　　　　修复后

Y1643

修复前　　　　　　　　　　　　　　　　修复后

Y1650

修复前　　　　　　　　　　　　　　　修复后

Y1652

修复前　　　　　　　　　　　　　　　修复后

Y1653

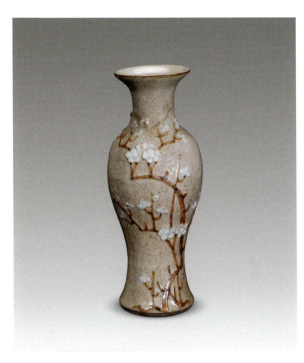

修复前   修复后

Y1895

修复前   修复后

Y1671

修复前   修复后

Y1683

修复前   修复后

Y1687

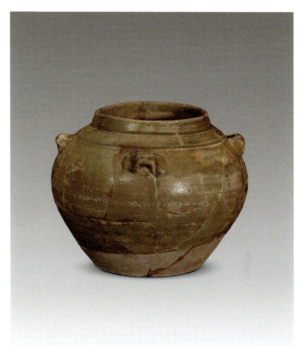

修复前 修复后

Y1688

修复前 修复后

Y1689

修复前 修复后

Y1690

修复前 修复后

Y1696

修复前　　　　　　　　　　　　　　　　　　修复后

Y1700

修复前　　　　　　　　　　　　　　　　　　修复后

Y1726

 修复前

修复后

Y1727

修复前

修复后

Y1729

修复前　　　　　　　　　　　　　　　　修复后

Y1730

修复前　　　　　　　　　　　　　　　　修复后

Y1732

修复前

修复后

Y1767

修复前

修复后

Y1768

修复前　　　　　　　　　　　　　　　　　修复后

Y1769

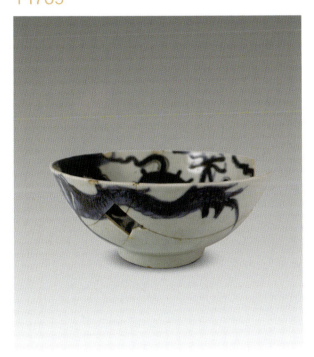

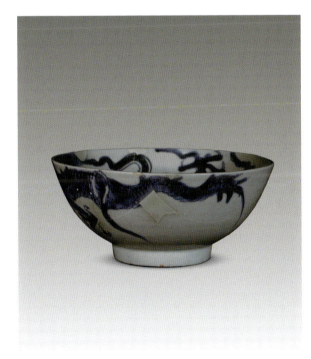

修复前　　　　　　　　　　　　　　　　　修复后

Y1771

修复前　　　　　　　　　　　　　　修复后

Y1807

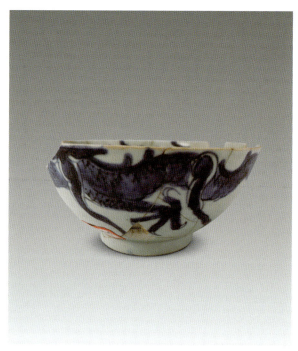

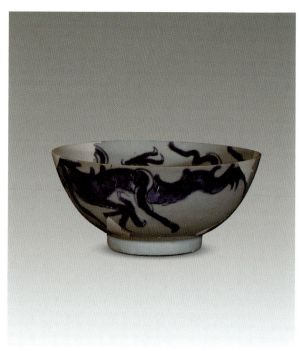

修复前　　　　　　　　　　　　　　修复后

Y1808

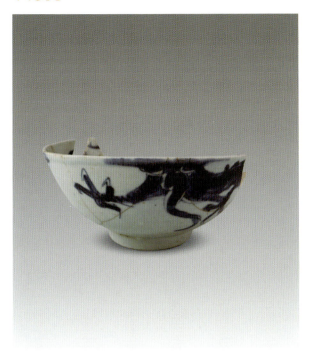

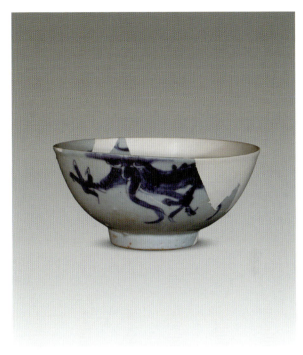

修复前

修复后

Y1815

修复前

修复后

Y1816

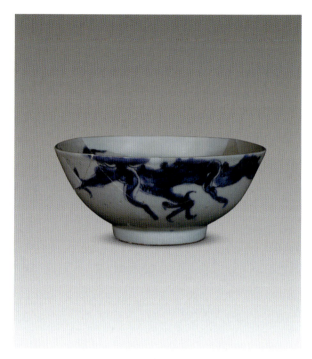

修复前

修复后

Y1817

修复前

修复后

Y1818

修复前 修复后

Y1847

修复前 修复后

Y1848

修复前

修复后

Y1867

修复前

修复后

Y1882

修复前

修复后

Y1871

修复前

修复后

Y1887

修复前

修复后

Y1890

修复前

修复后

Y1896

修复前　　　　　　　　　　　　　　　　　　修复后

Y1898

修复前　　　　　　　　　　　　　　　　　　修复后

Y1899

修复前

修复后

Y1900

修复前

修复后

Y1902

修复前

修复后

Y1904

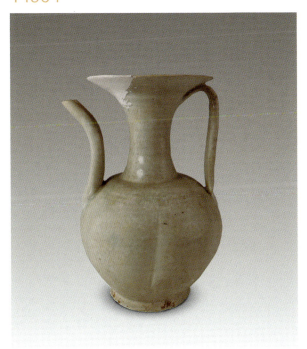

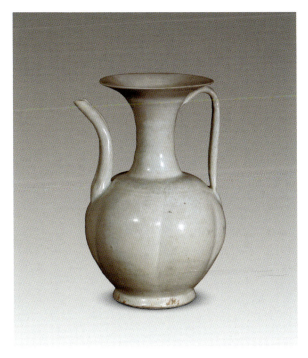

修复前

修复后

Y1905

修复前　　　　　　　　　　　　　　　　修复后

Y1906

修复前　　　　　　　　　　　　　　　　修复后

Y1907

修复前

修复后

Y1908

修复前

修复后

Y1909

修复前　　　　　　　　　　　　　　修复后

Y1910

修复前　　　　　　　　　　　　　　修复后

Y1911

修复前

修复后

Y1913

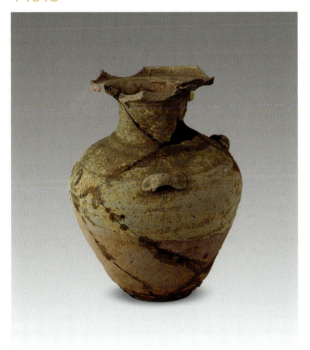

修复前

修复后

Y3694

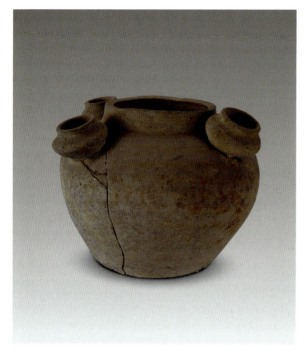

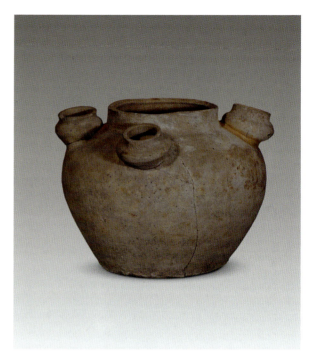

修复前　　　　　　　　　　　　修复后

Y17915

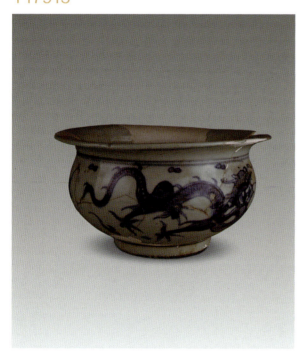

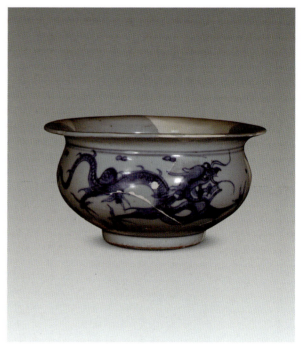

修复前　　　　　　　　　　　　修复后

Y28675

修复前 修复后

Z149

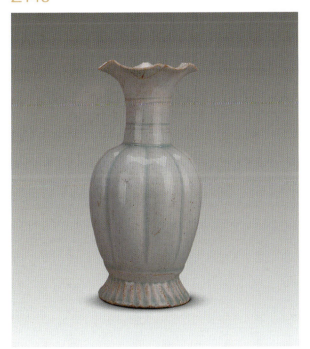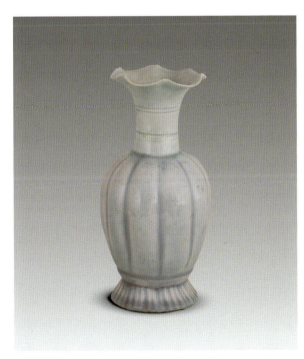

修复前 修复后

Z361

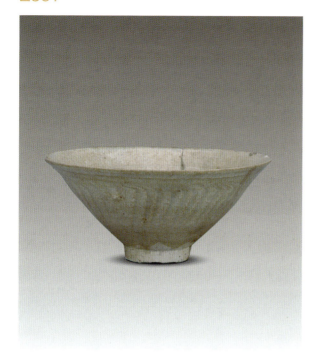 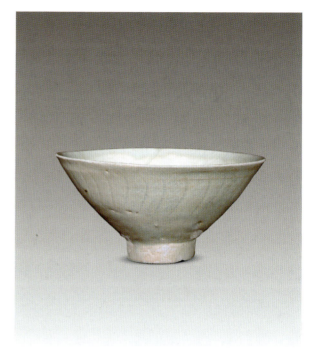

修复前　　　　　　　　　　　　修复后

Z368

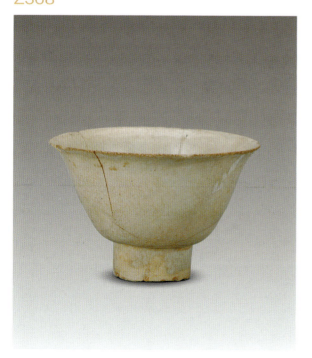 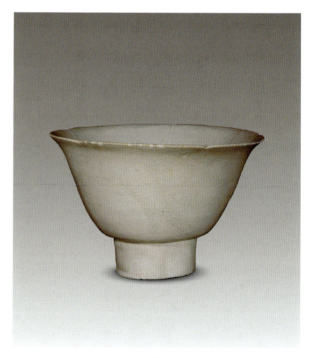

修复前　　　　　　　　　　　　修复后

Z370

修复前　　　　　　　　　　　　　　　　修复后

Z371

修复前　　　　　　　　　　　　　　　　修复后

Z457

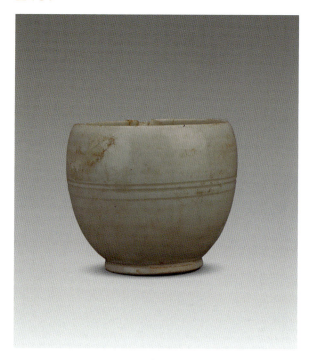

修复前

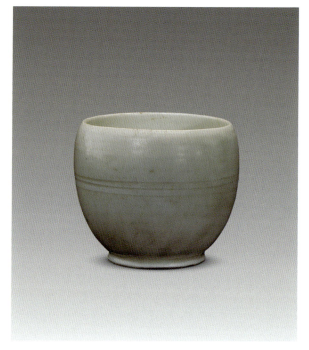

修复后

Z496

修复前

修复后

Z504

修复前

修复后

Z520

修复前

修复后

Z522

修复前　　　　　　　　　　　　　　修复后

Z523

修复前　　　　　　　　　　　　　　修复后